I0866269

Philippe Bauduin • Jean-Charles Stasi

GOLD BEACH

VER-SUR-MER, ARROMANCHES, PORT-EN-BESSIN
6 JUIN 1944

En collaboration avec Guillaume Dormy
(chargé des collections, Musée du Débarquement d'Arromanches)

HEIMDAL

Ce livre est dédié à la mémoire de Jean-Pierre Dupont, créateur et conservateur du musée America-Gold Beach de Ver-sur-Mer, décédé en juillet 2017. Son initiative visionnaire a été le germe de la création du grandiose British Normandy Memorial, érigé sur cette même commune de Ver-sur-Mer à l'occasion du 75e anniversaire du Débarquement allié en Normandie.

La plage de Ver-sur-Mer vue de la mer. On distingue au fond le phare et le radio phare. Les bateaux alliés sont surmontés de ballons captifs pour les protéger d'attaques aériennes. *(Archives Ph. Bauduin.)*

Textes : Philippe Bauduin et Jean-Charles Stasi
Coordination : Jean-Charles Stasi
Mise en page : Paul Gros / paulvgros@gmail.com

Éditions Heimdal
BP 61350 - 14406 BAYEUX Cedex
Tél : 02.31.51.68.68 Fax : 02.31.51.68.60
E-mail : editions.heimdal@wanadoo.fr
www.editions-heimdal.fr

Copyright Heimdal 2019. La loi du 11 mars 1957 n'autorisant, aux termes des alinéas 2 et 3 de l'article 4, d'une part, que les « copies ou reproductions strictement réservées à l'usage privé du copiste et non destinées à une utilisation collective » et, d'autre part, que les analyses et les courtes citations dans un but d'exemple et d'illustration, « toute reproduction ou représentation intégrale, ou partielle, faite sans le consentement de l'auteur ou de ses ayants droit ou ayants cause, est illicite. Cette représentation, par quelque procédé que ce soit, constituerait donc une contrefaçon sanctionnée par les articles 425 et suivants du code pénal.

Introduction
"Gold Beach", la glorieuse oubliée du Jour J

Ce que tout le monde retient du Jour J, tant par les films que par les diverses publications qui ont fleuri depuis 75 ans, ce sont les exploits des planeurs à Pegasus Bridge, les 177 Français du commando Kieffer à Ouistreham, et, plus à l'ouest, les assauts particulièrement coûteux sur « Omaha la sanglante » ou à la Pointe du Hoc et les paras américains sur Saint-Mère-Église.

On oublie qu'au milieu de ces événements si souvent évoqués, il y a un secteur, Gold Beach, sur lequel l'offensive alliée va se révéler particulièrement efficace, au point que la 50e division d'infanterie britannique, la fameuse *50th Northumbrian Infantry Division*, sera toute proche de ses objectifs au soir du *D Day*.

Faisons le point : la nationale 13 sera presque atteinte par la 69e Brigade à Coulombs le 6 au soir, les *Gloster* sont le 7 juin à Bayeux, les *Hampshire* libèrent Arromanches ce même jour et le *47th Commando* des *Royal Marines* se dirige vers Port-en-Bessin qui sera libéré le 8. Un premier aérodrome provisoire, B1, est aménagé à Asnelles pour accueillir les avions en difficultés dès le 6 au soir.

En récompense de la bravoure dont il a fait preuve lors de la neutralisation des redoutables batteries de Ver, le sergent Stan Hollis recevra la plus prestigieuse des décorations britanniques, la *Victoria Cross*. Ce sera la seule décernée de tout le 6 juin.

Pour toutes ces raisons, on l'aura compris, Gold, la glorieuse oubliée des cinq plages du Débarquement, méritait bien ce livre qui lui est entièrement consacré.

Philippe Bauduin et Jean-Charles Stasi

Philippe Bauduin (à gauche) et son frère aîné, René, devant la villa familiale « Clos Joli » à Ver-sur-Mer, en bas de la côte qui monte au phare. Photo prise vers 1937. Transformée par les Allemands en dépôt de munitions, cette belle maison sera détruite par les bombardements le 6 juin 1944 au matin. *(Archives Ph. Bauduin.)*

1. Le travail de fourmi de l'*ISTD* pour préparer le Débarquement

Les quelque quatre vingt mille documents de toutes sortes recueillis par l'*Inter Services Topological Department* vont s'avérer d'une importance capitale pour la préparation du débarquement allié sur les plages normandes.

Dès 1941, avant même que soit déterminé l'endroit où aura lieu le Débarquement, un appel est diffusé sur les ondes de la BBC afin de recueillir auprès de la population des informations, de toute nature, sur les plages françaises de la Manche et de la mer du Nord. Le destinataire en est l'*Inter Services Topological Department,* organisme chargé d'établir les cartes nécessaires au retour des Alliés en France.

Cette moisson radiophonique ne se limite pas aux traditionnelles cartes postales et photos de vacances, ainsi qu'aux cartes routières et autres guides touristiques. Parmi les quelque 80 000 documents recueillis, on trouve des choses nettement plus rares et plus anciennes, mais qui vont se révéler tout aussi précieuses. Comme par exemple des concessions accordées par les Romains pour l'exploitation de la tourbe en Normandie. Et la tourbe, les planificateurs de la plus grande opération amphibie jamais organisée le savent, ce n'est pas idéal pour faire évoluer des blindés ou des camions chargés de soldats…

Dans la foulée, tous ces documents sont analysés par près de 700 spécialistes. L'*ISTD* dispose également d'un très grand nombre de photos aériennes qui, une fois interprétées, vont servir de base à l'établissement des cartes nécessaires. La photo de reconnaissance ne cesse de se développer depuis le début de la guerre. Dès 1939, l'Australien Sidney Cotton, qu'on considère comme le père de cette toute jeune discipline, a prêté son concours à la France pour réaliser une reconnaissance de la ligne Siegfried et de la vallée du Rhin, qui sera un modèle du genre. Outre les photos à haute altitude nécessaires pour établir et modifier les cartes, Cotton imagine en 1943 de réaliser des prises de vue à très basse altitude – moins de

Planche des silhouettes d'une partie de la plage Gold (secteur *King*) établies par l'*ISTD* à partir des photos aériennes prises au ras des flots par un chasseur Spitfire spécialement équipé. *(Archives Ph. Bauduin.)*

dix mètres – pour photographier les côtes susceptibles d'accueillir l'armada alliée. Il utilise pour cela des chasseurs Spitfire modifiés à sa demande, appareils qui ne seront d'ailleurs jamais interceptés par les Allemands.

Grâce à ces clichés effectués dans des conditions particulièrement périlleuses, les silhouettes de la côte apparaissent au bas des cartes des plages, ce qui permettra aux commandants des navires d'invasion d'atterrir au bon endroit grâce à la bonne localisation des amers.

La création et la révision des cartes, à la fois par l'usage de photos aériennes, mais aussi par l'apport des renseignements de diverses origines dont la Résistance, mobilise un pool d'environ 60 000 géographes diplômés, auxquels se joignent des géologues, des hydrologues et des météorologues. Parmi les honorables contributeurs à la rédaction des cartes figurent notamment les deux frères Fleming, Peter et Ian, ce dernier connaîtra une gloire mondiale après-guerre en créant le personnage d'agent secret James Bond, alias 007. On estime à près de 400 millions le nombre des cartes qui seront imprimées à parts égales par les armées et par des firmes privées.

J

FRANCE

NORTH COAST

Admiralty charts: 2613, F.1016.
G.S.G.S. 4250 Sheet 7F/2.

Coastal silhouette from HAUT LION (052829) to LA RIVIERE (925863) taken at zero feet and at right angles to the coast: distance off-shore about 1,000 to 1,500 yards.

NOTE: This silhouette is intended as an aid to coastal recognition and is NOT intended for navigational purposes.

CAUTION: Due to the overlap of photographs and divergence in scale, the background is repeated in some cases. Where this is very marked white lines have been drawn. A gap has been left to show where Sorties of different scale have been used.

I.S.T.D. 51, March 1944.

To accompany Chartlet F.1016B.x

La fiche de l'*ISTD* correspondant à ces prises de vue. On y apprend notamment qu'elles ont été réalisées en mars 1944. *(Archives Ph. Bauduin.)*

2. Une drôle de Saint-Sylvestre à Ver-sur-Mer !

Le major Logan Scott-Boden, photographié en civil, est l'un des deux commandos britanniques envoyés à Ver-sur-Mer pour prélever du sable de la plage dite de « La Rivière ». *(Archives Ph. Bauduin.)*

Pour deux commandos britanniques, l'année 1944 commence dans le froid et l'obscurité sur la plage de Ver-sur-Mer. Exécutée au nez et à la barbe des Allemands, leur mission va s'avérer riche d'enseignements pour le Jour-J.

Les investigations pour affiner les conditions du débarquement se développent. Il est ainsi décidé d'explorer un certain nombre de plages au sujet desquelles des incertitudes subsistent. Pour cela, il faut envoyer sur place des spécialistes qui doivent sonder les sols au nez et à la barbe des Allemands. Des hommes de différentes armes, nageurs, plongeurs de combat, seront déployés à bord de canots, de sous-marins de poche ou de vedettes : les *Combined Operations Pilotage Parties*, *COPP*, sont nées de la volonté de Nigel Willmot, officier de Marine proche du *Commodore* Mountbatten, le commandant en chef des *Combined Operations*.

Pour ce qui est du secteur Gold, les études ont révélé une incertitude quant à la nature du terrain de la plage de La Rivière à l'ouest de Ver-sur-Mer. Est-il suffisamment résistant pour permettre le passage de chars et autres véhicules lourds ? L'opération *Bell Push Able* est donc décidée. Elle est prévue pour la nuit du 31 décembre 1943 au 1er janvier 1944, les planificateurs alliés espérant que les soldats allemands affectés sur le littoral normand seront plus occupés à fêter la nouvelle année qu'à surveiller la côte.

Dans cette lettre adressée le 30 décembre 1943 aux parents de Philippe Bauduin par leurs voisins à Ver-sur-Mer, M. et Mme Gast, on voit que les Allemands détruisent de plus en plus de villas sur la côte pour renforcer leurs défenses en prévision d'un débarquement. *(Archives Ph. Bauduin.)*

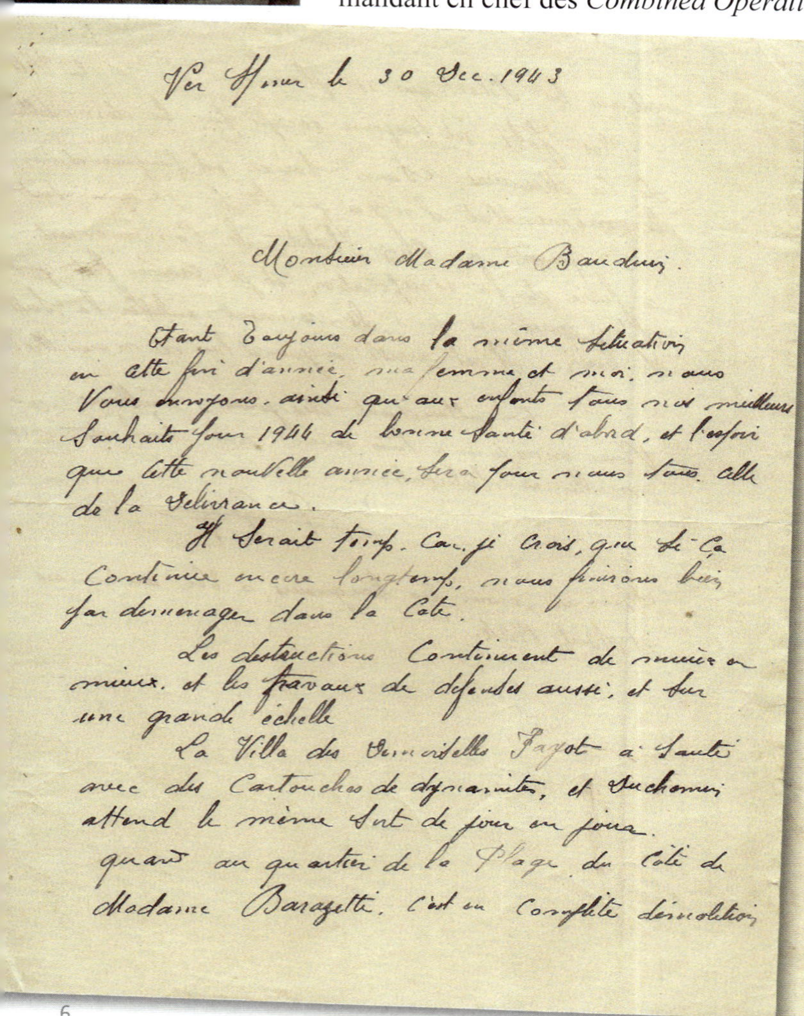

Ver s/mer le 30 Dec. 1943

Monsieur Madame Bauduin.

Etant toujours dans la même situation en cette fin d'année, ma femme et moi, nous vous envoyons, ainsi qu'aux enfants tous nos meilleurs souhaits pour 1944 de bonne santé d'abord, et l'espoir que cette nouvelle année, sera pour nous tous celle de la délivrance.

Il serait temps. Car je crois, que si ça continue encore longtemps, nous finirons bien par déménager dans la Côte.

Les destructions continuent de mieux en mieux, et les travaux de défenses aussi, et sur une grande échelle

La Villa des Demoiselles Fagot a sauté avec des cartouches de dynamites, et Duchemin attend le même sort de jour en jour.

quant au quartier de la Plage du côté de Madame Baragetti, c'est en complète démolition

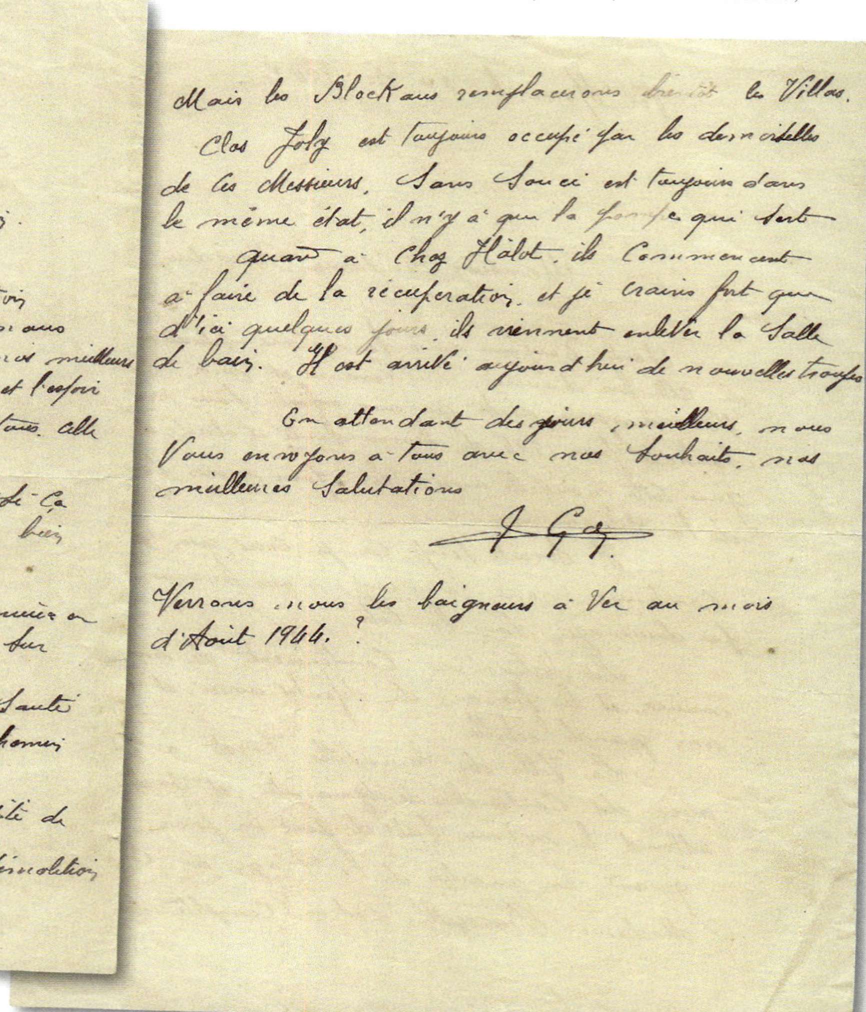

Mais les Blockaus remplaceront bientôt les Villas.

Clos Joly est toujours occupé par les demoiselles de ces Messieurs, Sans Souci est toujours dans le même état, il n'y a que la porte qui sert

quant à Chez Hâlot, ils commencent à faire de la récupération, et je crains fort que d'ici quelques jours, ils viennent enlever la Salle de bain. Il est arrivé aujourd'hui de nouvelles troupes

En attendant des jours meilleurs, nous vous envoyons à tous avec nos souhaits, nos meilleures Salutations

J. Gast

Verrons nous les baigneurs à Ver au mois d'Août 1944 ?

Cette mission à haut risque est confiée au major Logan Scott-Boden et au sergent Bruce Ogden-Smith, membres des *Royal Engineers*. La nuit venue, les deux hommes prennent place à bord d'un canot à rames qui doit être remorqué jusqu'aux abords de la plage par une vedette à moteur. Ils ont chacun un auget pour recueillir le sable et des tubes pour mettre leurs échantillons.

En arrivant sur place, Scott-Boden et Ogden-Smith ont une désagréable surprise : le phare de Ver s'allume toutes les 6 secondes et demi. Ce n'était pas prévu. Il leur faudra donc s'aplatir à chaque passage du faisceau.

Alors que leur parviennent de l'intérieur des terres les bruits de la Saint-Sylvestre, les deux commandos déroulent leur cordeau sur lequel des nœuds indiquent les emplacements où ils doivent effectuer leurs prélèvements. Une fois remplis de sable au moyen de l'auget, les tubes sont fixés dans le baudrier que chacun des deux hommes porte sur lui.

À minuit pile, Bruce souhaite la bonne année à Logan qui lui lance un bruyant «*Bastard*» en lui disant de se dépêcher.

Leur tâche exécutée, les deux hommes repartent vers le canot, oubliant sur place un auget et un poignard qui seront découverts par un riverain.

Une fois analysés, les échantillons révèleront que la plage de La Rivière, qui recouvre une ancienne forêt submergée, n'est pas propice au passage des blindés et autres véhicules lourds en présence de tourbe et d'argile par endroits. Un enseignement capital pour les organisateurs du futur débarquement.

Et s'ils n'ont pas profité des cotillons et du champagne, le major Logan Scott-Boden et le sergent Bruce Ogden-Smith auront toute de même vécu une Saint-Sylvestre mémorable.

Les deux commandos ont accompli avec succès leur mission. Mais ils en ignoraient un élément capital. En effet, les services secrets britanniques avaient besoin d'accréditer un de leurs agents doubles dans le cadre de la gigantesque opération de désinformation *Fortitude*, destinée à tromper l'ennemi par tous les moyens au sujet du lieu et de la date du D-Day. Cet agent double, Ainsworth Davis, lui aussi membre des *COPP* et ami de Logan Scott-Bowden, avait informé l'*Abwehr*, les service secrets allemands dirigées par l'amiral Canaris, de cette mission de relevé des échantillons de sable à Ver-sur-Mer. Ainsi, l'*Abwehr* avait disposé sur la plage dans des trous plusieurs de ses agents pour vérifier la véracité, et donc la crédibilité de l'agent britannique. Et, de fait, les Allemands n'interviendront pas pour capturer les deux commandos britanniques, et leurs observations vont accréditer de façon suffisamment convaincante les informations d'Ainsworth Davis, resté en Grande-Bretagne et qui était inquiet quant au sort de ses deux amis envoyés nuitamment sur le littoral normand.

Et il se pourrait – mais le saura-t-on un jour ? – que le phare de Ver ait été allumé cette nuit-là à la demande expresse de l'*Abwehr* alors que, d'après les renseignements recueillis par les services secrets britanniques, il était habituellement éteint…

Le phare de Ver-sur-Mer, qui causa des sueurs froides aux commandos Scott-Boden et Ogden-Smith dans la nuit du 31 décembre 1943 au 1er janvier 1944. Ce phare faisait partie du point fortifié allemand *Wn 34*. *(Photo J-C Stasi.)*

3. Un petit air de revanche pour la "Northumbrian"

Le débarquement sur Gold Beach est confié à la *50th Northumbrian Infantry Division*. Une unité très expérimentée qui a connu l'enfer de Dunkerque, avant de se distinguer en Afrique du Nord puis en Italie.

Le Major *General* Douglas Graham, commandant de la *50th Infantry Division*. *(Archives PH. Bauduin.)*

La zone baptisée Gold Beach s'étend sur une quinzaine de kilomètres, de Port-en-Bessin à Ver-sur-Mer. Elle a été divisée en quatre secteurs : HOW, ITEM, JIG et KING. Les deux premiers étant surplombés par de hautes falaises peu propices à un débarquement, les planificateurs alliés ont décidé de concentrer l'assaut sur la partie est, à savoir les secteurs JIG et KING, soit une portion de littoral d'environ cinq kilomètres comprise entre le hameau du Hamel (aujourd'hui « La Guerre ») sur la commune d'Asnelles, à l'ouest, et le hameau de La Rivière sur la commune de Ver-sur-Mer, à l'est.

Ce choix s'explique aussi par la volonté de garder intact le bourg côtier d'Arromanches, où il est prévu d'aménager un port artificiel (nom de code *Mulberry B*), une fois la tête de pont sécurisée. Arromanches devra donc être pris par l'arrière, tout comme d'ailleurs Port-en-Bessin qui doit devenir un port pétrolier provisoire afin de ravitailler en carburant les troupes débarquées.

La partie de Gold Beach retenue pour l'assaut est bordée de dunes et de terrains marécageux, ces derniers se situant principalement à l'ouest de Ver-sur-Mer. On débouche ensuite sur un arrière-pays où alternent bocage et champs ouverts. Et cela sur un terrain qui s'élève progressivement, formant entre Asnelles et Ver-sur-Mer la crête des Meuvaines où les Allemands ont établi des positions fortifiées.

Fusil Lee-Enfield n° 4 Mark I équipant l'infanterie britannique, entré en service au début du XXe siècle. Approvisionnement par lame-chargeur de cinq cartouches. Portée pratique de 500 mètres. *(Musée du Débarquement d'Arromanches - Photo érik Groult.)*

Fantassin du *1st Hampshire Regiment (50th Infantry Division)* en tenue de combat, avec son fusil Lee-Enfield n° 4 Mk I. *(Musée du Débarquement d'Arromanches - Photo Erik Groult.)*

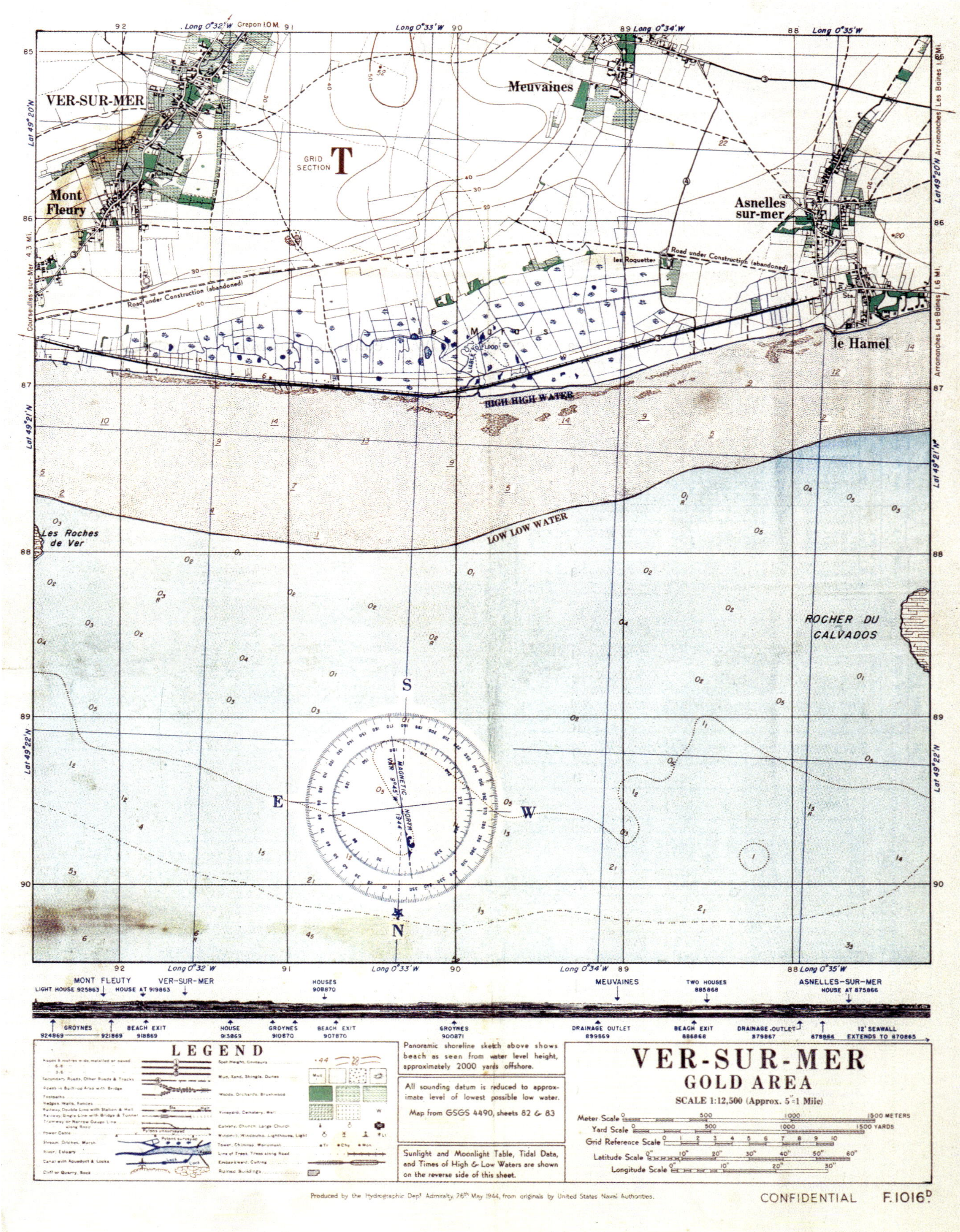

Carte britannique classée « *Confidential* » de la zone de débarquement sur Gold Beach. On remarque en bas de la carte, juste sous le cadre, la silhouette de la côte telle qu'on la voit dans le chapitre 1. *(Archives Ph. Bauduin.)*

Patch d'épaule de la *50th Infantry Division*. (*Archives Ph. Bauduin*.)

Le débarquement sur Gold Beach a été confié à la *50th Northumbrian Infantry Division*, commandée par le *Major General* Douglas Graham. Agé de 51 ans, cet Écossais, doté d'un grand courage associé à de fortes convictions religieuses, s'est illustré en Afrique du Nord puis en Italie, où il a été blessé. Et ce sont les qualités de chef et de tacticien, démontrées lors de ces deux campagnes, qui lui ont valu d'être nommé en janvier de cette année 1944 à la tête de la *50th Infantry Division*, en vue de l'opération *Overlord*.

Comme son chef, la « Northumbrian » a de l'expérience, notamment en matière de débarquement, même si celui à venir sur les côtes normandes est d'une ampleur inédite. Comme son surnom l'indique, cette unité créée en 1939 est originaire du nord-est de l'Angleterre. Et son badge d'épaule le confirme : il est composé de deux « T » rouges qui rappellent les deux rivières délimitant le secteur de recrutement, la Tyne et la Tees.

Déployée en France et en Belgique, la division y a connu son baptême du feu au printemps 1940, affrontant notamment la 7e division blindée (7.*Panzerdivision*) du général Rommel lors de la bataille d'Arras, où elle a subi de lourdes pertes. Repliée dans la Poche de Dunkerque, elle a été réorganisée à son retour en Angleterre, recevant le renfort de la *69th Brigade*. Envoyée au Proche-Orient au printemps 1941, elle s'est distinguée lors des combats de Gazala en mai 1942 et de la seconde bataille

Le dispositif d'assaut britannique sur Gold Beach. On voit qu'il se concentre sur la partie est du secteur, entre Asnelles et Ver-sur-Mer. (*Carte Paul Gros*.)

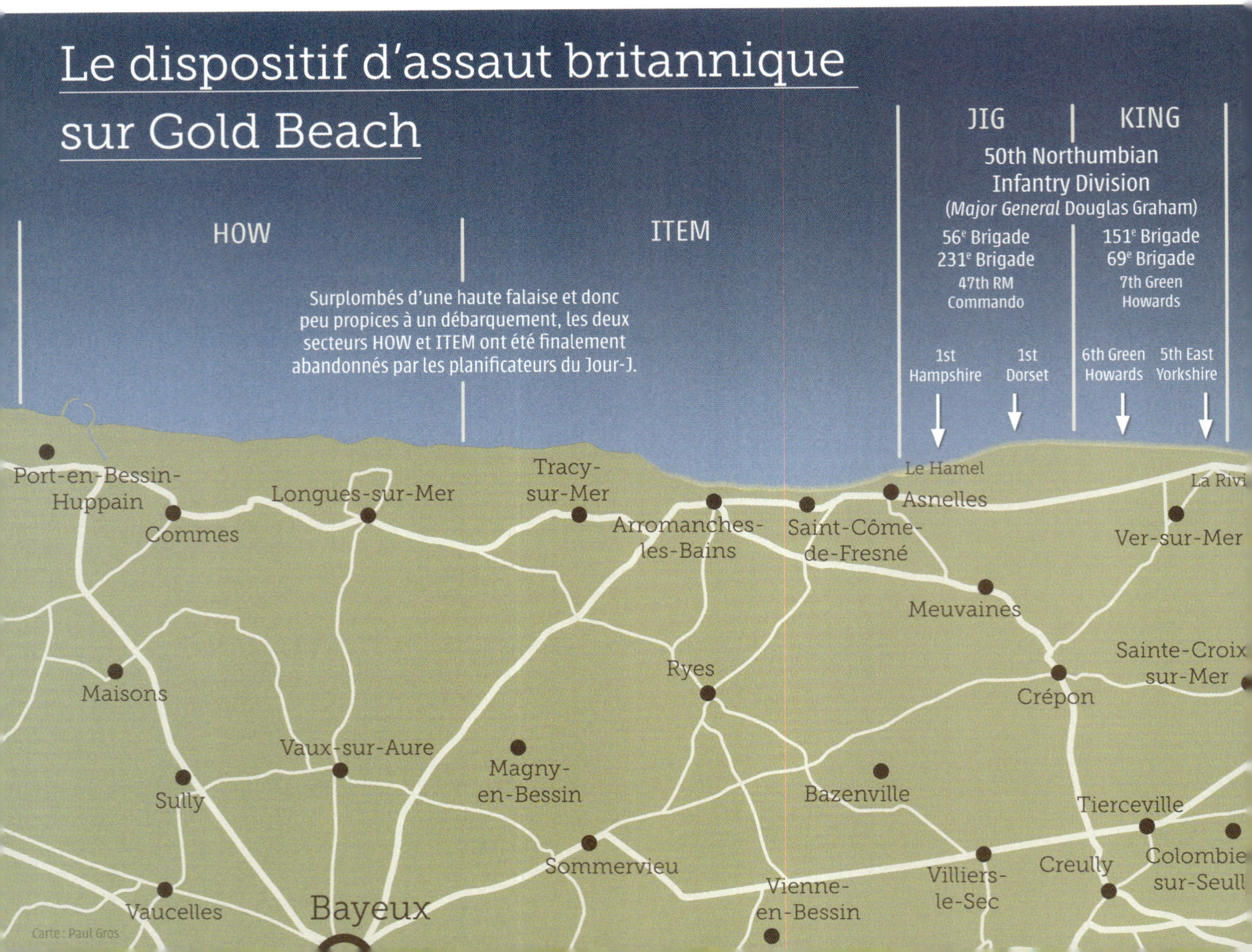

Sur la plage d'Asnelles-Le Hamel (secteur JIG) doivent débarquer la *231st Infantry Brigade*, le *47th Royal Marines Commando* puis la *56th Brigade*. (Photo J-C Stasi.)

d'El Alamein en octobre et novembre 1942. Le printemps 1943 l'a vu affronter les Allemands et les Italiens en Tunisie, avant son débarquement en Sicile en juillet de cette même année. En octobre, elle a été renvoyée au pays pour se préparer en vue de l'opération *Overlord*.

Sous les ordres du *Major General* Graham, la « Northumbrian » a été sensiblement renforcée dans la perspective du débarquement en Normandie, se voyant notamment adjoindre la *231st Brigade* et la *56th Brigade* (*Brigadier* Pepper), qui est une brigade indépendante. Ce qui, avec les *69th Brigade* et *151st Brigade*, fait un total de quatre brigades.

En plus de deux régiments d'artillerie supplémentaires, la division a reçu le renfort du *47th Royal Marine Commando*, de la *8th Armoured Brigade* (8e brigade blindée), ainsi que de quelques chars spéciaux de la *79th Armoured Division*, surnommés *Hobart's Funnies* en référence à leur génial inventeur, l'ingénieur militaire Percy Hobart. Compte tenu des plaques d'argile découvertes sur la plage lors de la mission de reconnaissance effectuée dans la nuit du 31 décembre 1943 au 1er janvier 1944 (voir chapitre 2), il a ainsi été décidé d'embarquer plusieurs chars « *Bobbin* », dotés d'un rouleau de trois mètres de large en toile renforcée de barres en acier afin de permettre le passage sur des sols mous.

Et après un hiver et un printemps à s'entraîner de façon intensive dans le Hampshire et à participer à des exercices amphibies, voilà la « Northumbrian » prête pour le grand jour, avec un effectif passé à environ vingt cinq mille hommes. Et une furieuse envie, mâtinée d'esprit de revanche, de remettre les pieds sur le sol de France, quatre ans, presque jour pour jour, après en avoir été chassés par les Allemands du côté de Dunkerque.

Tenue d'apparat du *Brigadier* Sir Alexandre Stanier, commandant de la *231st Infantry Brigade*. (Musée du Débarquement d'Arromanches - Photo Érik Groult.)

L'heure H pour le débarquement à Gold est prévue à 7 h 25, soit cinquante minutes après le début des opération sur les plages américaines d'Utah et d'Omaha en raison des différences de marée et relief le long des côtes.

Les premières unités à fouler le sable de Gold vont être la *231st Brigade* pour le secteur JIG et la *69th Brigade* pour le secteur KING. Une fois les défenses côtières neutralisées, la *231st Brigade* a pour mission de libérer Arromanches et d'établir le contact avec les troupes américaines débarquées à Omaha Beach. La *69th Brigade* doit se diriger vers l'est afin d'établir la jonction aves les Canadiens ayant débarqué sur la plage voisine de Juno.

La deuxième vague verra débarquer la *56th Brigade* à JIG et la *151st Brigade* à KING. Il leur faudra avoir pris Bayeux au soir du Jour J et contrôler ainsi la route nationale 13, axe majeur reliant Caen à Cherbourg, ainsi que la voie ferrée Caen-Bayeux.

Quant au *47th Royal Marine Commando*, qui doit débarquer à JIG après la *231st Brigade*, il a pour mission de s'emparer de Port-en-Bessin, à la limite du secteur américain d'Omaha Beach.

On le voit, les hommes du *Major General* Graham ont du pain sur la planche, face à leur zone de débarquement, comme à l'est et à l'ouest.

ORDRE DE BATAILLE DE LA *50TH NORTHUMBRIAN INFANTRY DIVISION*

231st Brigade (Brigadier Stanier) : *1st Battalion, The Hampshire Regiment ; 1st Battalion, The Dorsetshire Regiment ; 2nt Battalion, The Devonshire Regiment.*

69th Brigade (Brigadier Knox) : *5th Battalion, The East Yorkshire Regiment ; 6th Battalion, The Green Howards ; 7th Battalion, The Green Howards.*

56th Brigade (Brigadier Pepper) : *2nd Battalion, The South Wales Borderers ; 2nd Battalion, The Gloucestershire Regiment ; 2nd Battalion, The Essex Regiment.*

151st Brigade (Brigadier Senior) : *6th Battalion, The Duram Light Infantry ; 8th Battalion, The Durham Light Infantry ; 9th Battalion, The Durham Light Infantry.*

UNITÉS DIVISIONNAIRES

Cinq régiments d'artillerie : *74th, 86th, 90th, 124th et 147th Field Regiments Royal Artillery.*

Une unité de reconnaissance : *61st Reconnaissance Regiment.*

Un bataillon de mitrailleuses : *2nd Battalion, The Cheshire Regiment (MG).*

Un groupe antichar : *102nd Anti-Tank Regiment Royal Artillery.*

Un groupe antiaérien : *25th Light Anti-Aircraft Regiment Royal Artillery.*

UNITÉS RATTACHÉES

8th Armoured Brigade (Brigadier Ansley) : *4th/7th Dragoon Guards, 24th Lancers, The Sherwood Rangers Yeomanry, 12th Kings Royal Rifles.*

47th Royal Marine Commando (Lt Col Phillips)

Entre Asnelles et Ver-sur-Mer s'étend une zone de marais à l'arrière de la plage. *(Photo J-C Stasi.)*

Ci-dessus : la plage de Ver-sur-Mer (secteur KING) où la *69th Infantry Brigade* doit constituer la première vague d'assaut. *(Photo J-C Stasi.)*

Ci-dessous : l'emblème de la *79th Armoured Division*. *(Archives Heimdal.)*

Quelques semaines avant le Débarquement, un char spécial « *Bobbin* » de la *79th Armoured Division* à l'entraînement sur une plage anglaise. *(Archives Ph. Bauduin.)*

Embarquement des hommes du *Green Howards Regiment* pour la Normandie. *(IWM.)*

Battle-dress de sergent de la *50th Northumberland Infantry Division.* *(Collection particulière - Photo Stéphane Chesneaux.)*

Emblème du *Green Howards Regiment.* *(Archives Ph. Bauduin.)*

Patch d'épaule du *Green Howards Regiment.* *(Archives Ph. Bauduin.)*

Casque de fantassin britannique retrouvé dans le secteur de Gold Beach. On voit encore dessus les traces de concrétions marines. *(Musée du Débarquement d'Arromanches.)*

Boîte métallique contenant cinquante cigarettes, en dotation dans l'armée britannique. *(Collection particulière - Photo Stéphane Chesneaux.)*

Gourde anglaise percée par une balle, retrouvée dans le secteur de Gold Beach. *(Musée du Débarquement d'Arromanches.)*

Revolver Webley Mark IV, calibre 38 (9 mm). Approvisionnement par barillet de six cartouches. Fiable et très apprécié, il est largement utilisé par l'armée britannique. *(Collection particulière - Photo Stéphane Chesneaux.)*

Sachet à pansements en dotation dans l'armée britannique. *(Collection particulière - Photo Stéphane Chesneaux.)*

4. Les forces allemandes en présence

Le secteur de Gold Beach est défendu par la 716e division d'infanterie du général Richter, qui a vu son effectif diminuer de moitié depuis 1943 du fait des ponctions effectuées pour alimenter le front de l'Est.

Arrivée en Normandie au printemps 1942, la 716e division d'infanterie (*716.Infanterie-Division*) du *Generalleutnant* Wilhelm Richter est chargée de la défense du littoral compris entre Port-en-Bessin et Ouistreham. Son poste de commandement est à La Folie-Couvrechef, au nord de Caen. Comptant jusqu'à dix sept mille hommes en 1943, la *716.ID* n'a cessé de voir son effectif diminuer au profit du front de l'Est où la *Wehrmacht* est de plus en plus affaiblie.

À la veille du Jour-J, cette unité, qui n'a encore aucune expérience du combat, ne compte plus qu'environ huit mille hommes, dont beaucoup de vétérans malades ou convalescents. En outre, bon nombre de ses soldats sont des *Osttruppen* (troupes de l'Est), en grande partie des prisonniers de guerre soviétiques dont la motivation à combattre pour le Troisième Reich est sujette à caution. Le 441e bataillon d'*Osttruppen*, composé d'Ukrainiens, est positionné entre Asnelles et Ver-sur-Mer où il a son PC.

La *716. ID* a un statut de division statique, du fait de l'intégration de ses moyens lourds dans des bunkers du Mur de l'Atlantique, et

Arromanches, été 1940, deux soldats allemands de la *323. Infanterie-Division*, premiers occupants d'Arromanches, servant un canon de campagne Fh18/39 sous filet de camouflage. Au printemps 1942, cette division est remplacée par la *716. Infanterie-Division*. *(Photo Charles Chevrot - Musée du Débarquement d'Arromanches.)*

par le fait que ses troupes sont affectées à de nombreux points d'appui (*Widerstandsnester* ou *Wn*, qu'on peut traduire par « nid de résistance ») répartis sur le littoral et défendus chacun par une section d'une trentaine d'hommes.

Comme les autres plages où va avoir lieu le débarquement allié, le secteur de Gold est jalonné par plusieurs de ces *Wn*. La plage de Ver-sur-Mer est défendue par le *Wn 33* comprenant un canon de 88 mm sous casemate et deux canons de 50 mm également sous casemate. Ce point d'appui est servi par la 7e compagnie du 736e régiment (*7.Kompanie/Regiment 736*). Lui aussi servi par la *7.Kompanie/Regiment 736*, le *Wn 34*, sur les hauteurs de Ver-sur-Mer, est doté d'un canon anti-char de 50 mm.

Le *Wn 36,* au lieu-dit « La Cabane des Douanes » à l'est d'Asnelles, comprend un canon de 50 mm en encuvement et une casemate pour mitrailleuse. Sur la même commune, le *Wn 37*, au lieu-dit « Le Hamel », sur la plage au nord d'Asnelles, est constitué d'un canon de 75 mm sous casemate et d'un canon de 50 mm autour du bâtiment de l'ancien sanatorium. Au nord-ouest d'Asnelles, à Saint-Côme-de-Fresné, le *Wn 38* comprend deux canons de 50 mm sous casemate et plusieurs postes de combat. Enfin, au nord du village de Saint-Côme-de-Fresné, sur les hauteurs qui encadrent Arromanches, surplombant « Le Hamel », le *Wn 39* permet aux Allemands de prendre en enfilade toute la bande côtière en direction de Ver-sur-Mer avec deux canons de 75mm sous casemate.

Quant au bourg côtier d'Arromanches, qui accueille sur ses hauteurs une station de détection de la *Kriegsmarine* (codée *Stp 42*) équipée d'un puissant radar See Riese FuMO 214, il est encadré à l'est par le *Wn* 39, doté d'un canon de 88 mm et, à l'ouest, par le *Wn 43,* situé sur la plage avec un canon de 105 mm sous casemate. Encore plus à l'ouest se trouve le *Wn 44*, sur les hauteurs de Tracy, qui comprend un canon de 47 mm sous casemate. Quant à la station radar, elle est défendue par trois canons antiaériens de 20 mm et un canon de 75 mm. En plus de l'assise octogonale du radar et des aménagements pour les pièces d'artillerie, le site comprend des abris pour le personnel.

Le même paysage aujourd'hui. *(Photo J-C Stasi.)*

Arromanches. Des travailleurs noirs, vraisemblablement des prisonniers de guerre de mai-juin 1940, sont employés par l'organisation TODT pour ériger le mur anti-char qui protégera le village. L'édification des ouvrages à Arromanches est commandée par l'ingénieur allemand Wegner de la *Bauleitung Mitte*, l'unes des quatre directions de l'*O.B.L.* (*Oberbauleitung* : direction de la construction) de Cherbourg. *(Photo Charles Chevrot - Musée du Débarquement d'Arromanches.)*

En complément des différents points d'appui, les défenseurs peuvent s'appuyer sur plusieurs batteries d'artillerie. Le *Wn 35a* (également codé *Stp 35a*) du Mont Fleury, sur les hauteurs au nord-ouest de Ver-sur-Mer au lieu-dit des Roquettes, devait à l'origine comprendre quatre canons de 122 mm mais seules deux casemates sont achevées lorsque survient le Débarquement. En arrière des plages, à un kilomètre au sud-est de Ver-sur-Mer, le *Wn 32* de

Ci-dessous : le *Komet*, navire norvégien, s'est échoué à Arromanches le 17 juin 1940. Ce cargo de 1900 tonnes était parti ce jour-là de Caen en direction de l'Angleterre lorsqu'il fut bombardé à la sortie du canal de Caen à Ouistreham. Le commandant Adler Rostand a été tué dans l'attaque ainsi que plusieurs marins. En flammes, le navire a dérivé jusqu'à Arromanches et est resté contre la digue pendant plus d'un an, avant que des ouvriers norvégiens viennent le ferrailler en 1941. *(Photo Charles Chevrot - Musée du Débarquement d'Arromanches.)*

la Mare Fontaine dispose de quatre canons de 100 mm sous casemate, servis par les hommes de la 6e batterie du 1716e régiment d'artillerie *(6./AR1716)*.

Plus à l'intérieur des terres, à quatre kilomètres au sud-ouest de Ver-sur-Mer, la batterie de Crépon (*Wn 35b*) dispose elle aussi de quatre pièces de 100 mm. C'est là qu'est installé le poste de commandement du deuxième bataillon de l'*Infanterie-Regiment 736*.

Entre les plages d'Omaha et de Gold se trouve enfin la batterie de marine de Longues-sur-Mer, *Wn 48*, équipée de quatre canons de 150 mm, commandée par l'*Oberleutnant MA* Kurt Weil. Rattachée au commandement de l'artillerie côtière de l'armée de terre allemande (*4./Heeres-Küsten-Artillerie 1260*), la batterie de Longues comprend quatre casemates type M272 et un poste d'observation M262, en plus des abris, des soutes à munitions et des postes

Arromanches. Deux sentinelles allemandes sur la digue, à l'emplacement de l'actuel musée du Débarquement. On voit à l'arrière-plan les superstructures du *Komet*. *(Photo Charles Chevrot - Musée du Débarquement d'Arromanches.)*

de tir tobrouks. Les travaux de construction ont commencé au début de l'année 1944 et les canons ne sont pas encore équipés de calculateurs de tir sur cible navale au moment du Débarquement, ce qui aura son importance.

Ci-contre et ci-dessous : Arromanches, sur la falaise à l'est du village. Des hommes de la *Kriegsmarine* servent le poste antiaérien de défense de la station radar (codée *Stp 42*), équipé d'un canon de 20 mm Flak 28 Oerlikon. *(Photo Charles Chevrot - Musée du Débarquement d'Arromanches.)*

Arromanches, sur la falaise à l'est du village, à quelques mètres de la station radar. La statue de Notre-Dame-des-Flots a été enlevée de son socle juin 1942 et remplacée par un mirador, les Allemands craignant qu'elle ne serve de repère en cas de tirs ennemis. *(Photo Charles Chevrot - Musée du Débarquement d'Arromanches.)*

Ci-dessous : la statue de Notre-Dame-des-Flots a retrouvé sa place d'origine face à la Manche. *(Photo J-C Stasi.)*

Ci-dessous : de leurs points fortifiés sur le plateau de Saint-Côme-de-Fresné, à l'est d'Arromanches, les Allemands ont une vue imprenable sur les plages du secteur Gold. *(Photo J-C Stasi.)*

Ci-dessus : rassemblement de soldats allemands dans la cour du château de Saint-Côme-de-Fresné. *(Photo Charles Chevrot - Musée du Débarquement d'Arromanches.)*

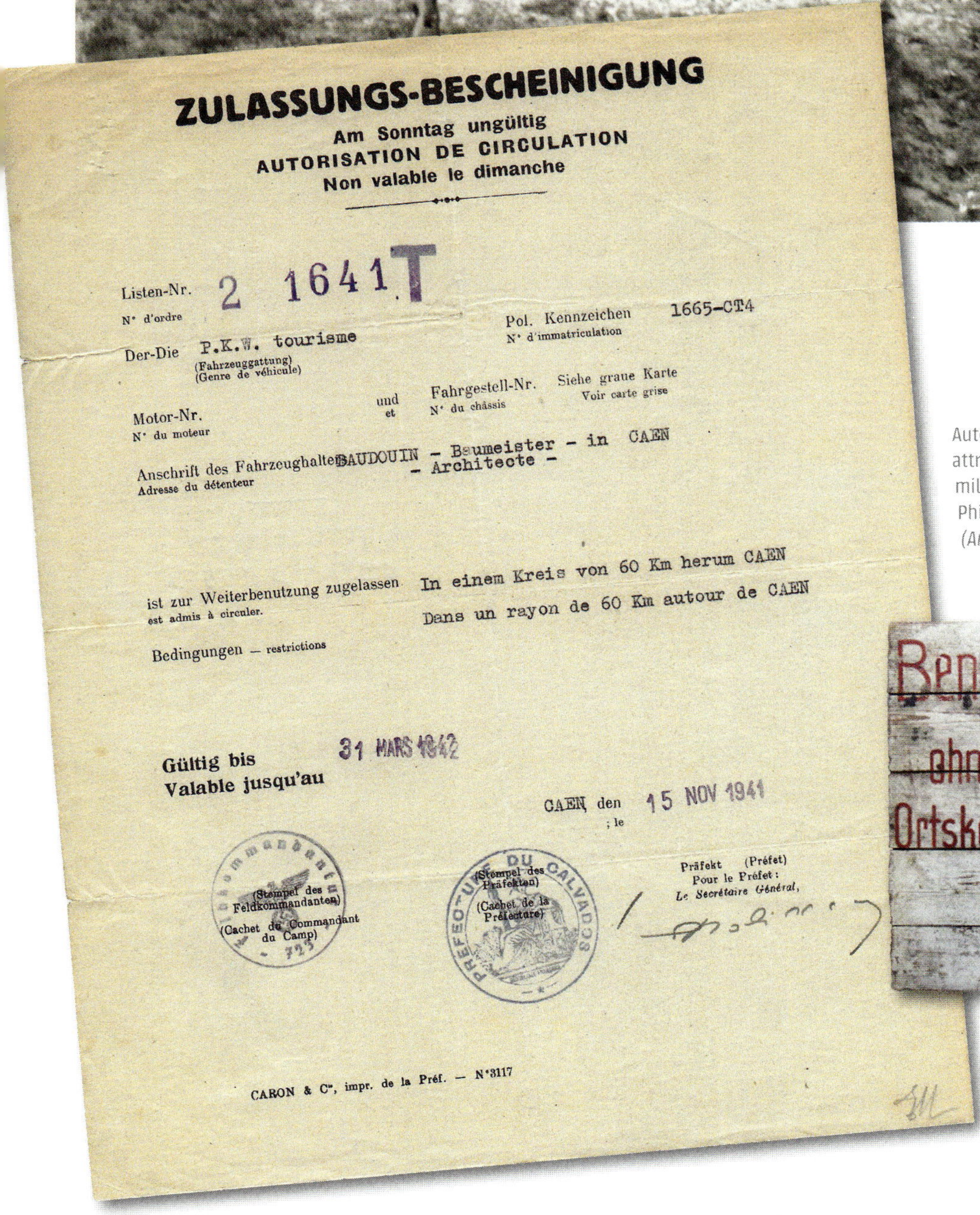

ZULASSUNGS-BESCHEINIGUNG
Am Sonntag ungültig
AUTORISATION DE CIRCULATION
Non valable le dimanche

Listen-Nr. / N° d'ordre: 2 1641 T
Pol. Kennzeichen / N° d'immatriculation: 1665-CT4
Der-Die (Fahrzeuggattung) (Genre de véhicule): P.K.W. tourisme
Motor-Nr. / N° du moteur — und / et — Fahrgestell-Nr. / N° du châssis: Siehe graue Karte / Voir carte grise
Anschrift des Fahrzeughalters / Adresse du détenteur: BAUDOUIN - Baumeister - in CAEN - Architecte -
ist zur Weiterbenutzung zugelassen / est admis à circuler: In einem Kreis von 60 Km herum CAEN / Dans un rayon de 60 Km autour de CAEN
Bedingungen — restrictions

Gültig bis / Valable jusqu'au: 31 MARS 1942

CAEN den / le 15 NOV 1941

(Stempel des Feldkommandanten) (Cachet du Commandant du Camp)
(Stempel des Präfekten) (Cachet de la Préfecture) — PREFECTURE DU CALVADOS
Präfekt (Préfet) Pour le Préfet : Le Secrétaire Général,

CARON & Cie, impr. de la Préf. — N° 3117

Autorisation de circulation attribuée par l'administration militaire allemande au père de Philippe Bauduin, architecte. *(Archives Ph. Bauduin.)*

Panneau interdisant l'utilisation d'un stand de tir sans autorisation dans le secteur de Saint-Cômes-de-Fresné. *(Archives Ph. Bauduin.)*

Page précédente : des officiers et un sous-officier allemands, vraisemblablement dans les rues de Bayeux. *(Photo Charles Chevrot - Musée du Débarquement d'Arromanches.)*

Ci-dessus : des soldats allemands se divertissent en regardant un match de football au stade municipal de Bayeux. *(Photo Charles Chevrot - Musée du Débarquement d'Arromanches.)*

Troupes d'occupation à Bayeux. *(Photo Charles Chevrot - Musée du Débarquement d'Arromanches.)*

Gamelle allemande gravée en cyrillique russe, appartenant à un soldat du 441e bataillon d'*Osttruppen*, positionné entre Ver-sur-Mer et Asnelles. *(Musée du Débarquement d'Arromanches.)*

Ci-contre : Bayeux. Soldats allemands dans le haut de la rue Saint-Jean. *(Photo Charles Chevrot - Musée du Débarquement d'Arromanches.)*

Ci-dessous : le même endroit aujourd'hui. La construction à gauche a disparu mais l'école dont on voit le portail à droite est toujours là. *(Photo J-C Stasi.)*

Ci-dessus : canon anti-char positionné sur le Mont Fleury (Ver-sur-Mer). Photographie prise après sa capture par les Britanniques. *(Archives Ph. Bauduin.)*

Un « Tobrouk » aménagé sur la pente située en dessous de la batterie du Mont Fleury (Ver-sur-Mer). Photographie prise après sa capture par les Britanniques. *(Archives Ph. Bauduin.)*

Le secteur Gold : les principaux éléments défensifs allemands et les différents secteurs de débarquement prévus par les Britanniques

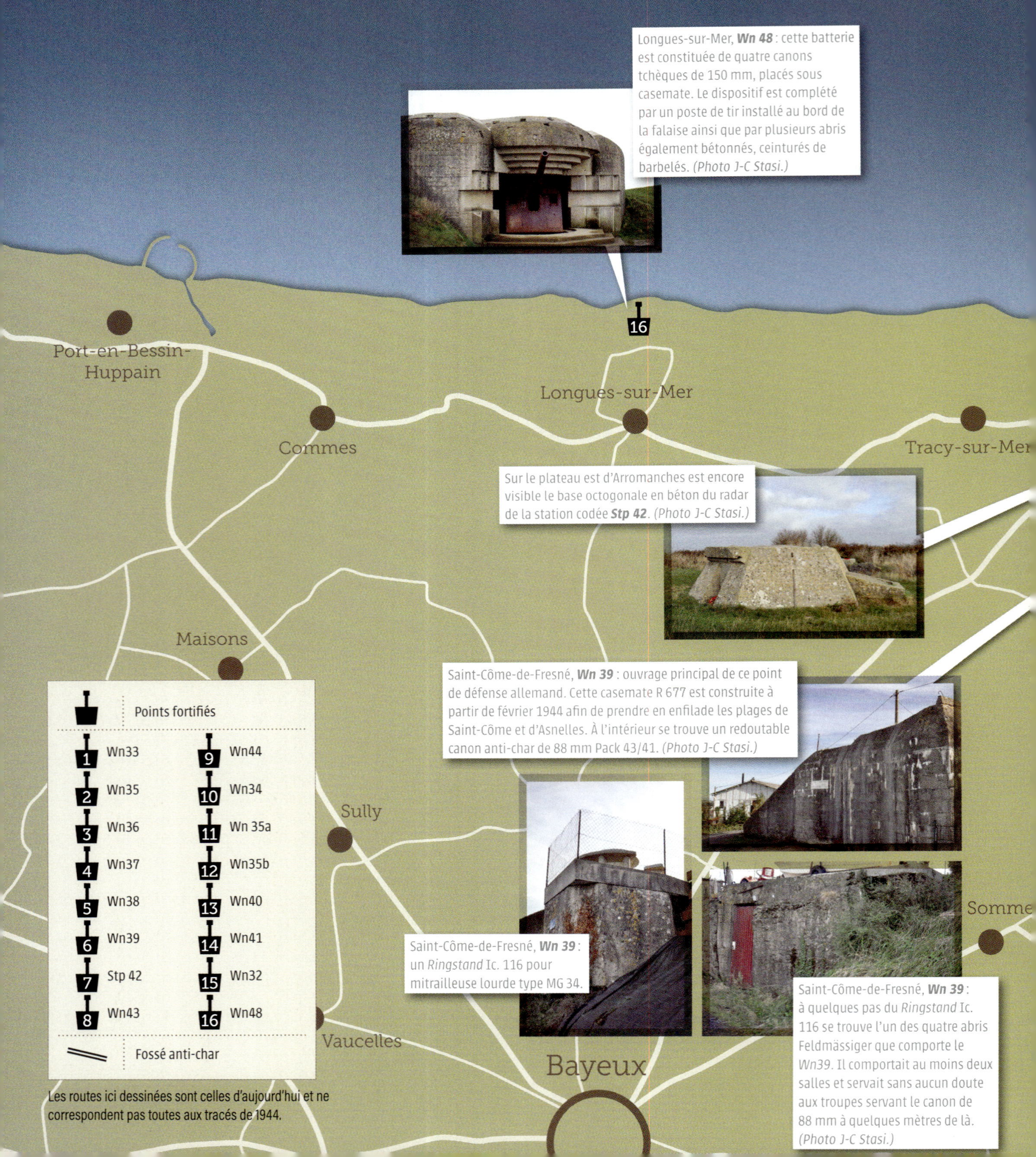

Longues-sur-Mer, ***Wn 48*** : cette batterie est constituée de quatre canons tchèques de 150 mm, placés sous casemate. Le dispositif est complété par un poste de tir installé au bord de la falaise ainsi que par plusieurs abris également bétonnés, ceinturés de barbelés. *(Photo J-C Stasi.)*

Sur le plateau est d'Arromanches est encore visible le base octogonale en béton du radar de la station codée ***Stp 42***. *(Photo J-C Stasi.)*

Saint-Côme-de-Fresné, ***Wn 39*** : ouvrage principal de ce point de défense allemand. Cette casemate R 677 est construite à partir de février 1944 afin de prendre en enfilade les plages de Saint-Côme et d'Asnelles. À l'intérieur se trouve un redoutable canon anti-char de 88 mm Pack 43/41. *(Photo J-C Stasi.)*

Saint-Côme-de-Fresné, ***Wn 39*** : un *Ringstand* Ic. 116 pour mitrailleuse lourde type MG 34.

Saint-Côme-de-Fresné, ***Wn 39*** : à quelques pas du *Ringstand* Ic. 116 se trouve l'un des quatre abris Feldmässiger que comporte le *Wn39*. Il comportait au moins deux salles et servait sans aucun doute aux troupes servant le canon de 88 mm à quelques mètres de là. *(Photo J-C Stasi.)*

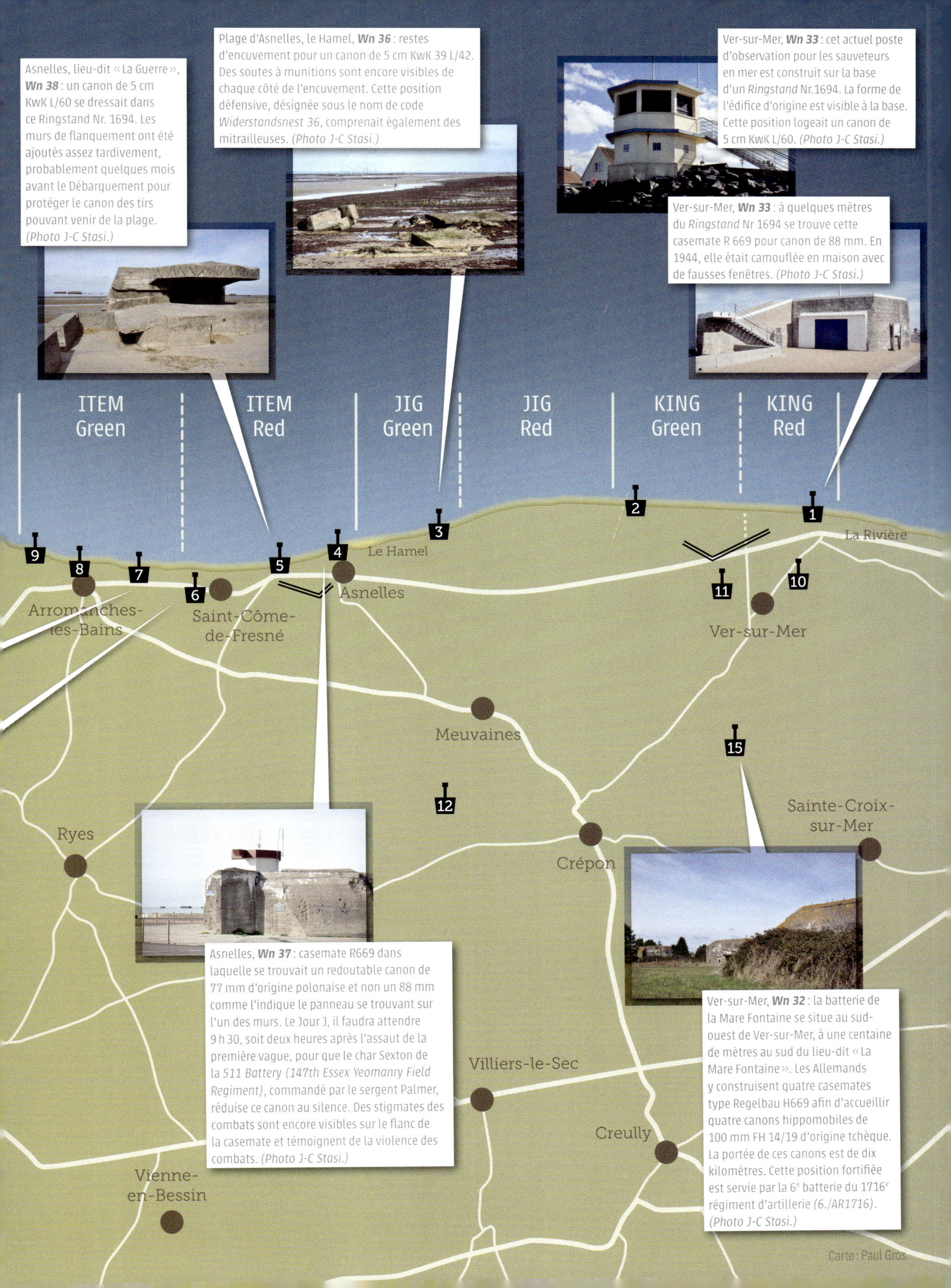

Asnelles, lieu-dit « La Guerre », ***Wn 38*** : un canon de 5 cm KwK L/60 se dressait dans ce Ringstand Nr. 1694. Les murs de flanquement ont été ajoutés assez tardivement, probablement quelques mois avant le Débarquement pour protéger le canon des tirs pouvant venir de la plage. *(Photo J-C Stasi.)*

Plage d'Asnelles, le Hamel, ***Wn 36*** : restes d'encuvement pour un canon de 5 cm KwK 39 L/42. Des soutes à munitions sont encore visibles de chaque côté de l'encuvement. Cette position défensive, désignée sous le nom de code *Widerstandsnest 36*, comprenait également des mitrailleuses. *(Photo J-C Stasi.)*

Ver-sur-Mer, ***Wn 33*** : cet actuel poste d'observation pour les sauveteurs en mer est construit sur la base d'un *Ringstand* Nr.1694. La forme de l'édifice d'origine est visible à la base. Cette position logeait un canon de 5 cm KwK L/60. *(Photo J-C Stasi.)*

Ver-sur-Mer, ***Wn 33*** : à quelques mètres du *Ringstand* Nr 1694 se trouve cette casemate R 669 pour canon de 88 mm. En 1944, elle était camouflée en maison avec de fausses fenêtres. *(Photo J-C Stasi.)*

Asnelles, ***Wn 37*** : casemate R669 dans laquelle se trouvait un redoutable canon de 77 mm d'origine polonaise et non un 88 mm comme l'indique le panneau se trouvant sur l'un des murs. Le Jour J, il faudra attendre 9 h 30, soit deux heures après l'assaut de la première vague, pour que le char Sexton de la *511 Battery (147th Essex Yeomanry Field Regiment)*, commandé par le sergent Palmer, réduise ce canon au silence. Des stigmates des combats sont encore visibles sur le flanc de la casemate et témoignent de la violence des combats. *(Photo J-C Stasi.)*

Ver-sur-Mer, ***Wn 32*** : la batterie de la Mare Fontaine se situe au sud-ouest de Ver-sur-Mer, à une centaine de mètres au sud du lieu-dit « La Mare Fontaine ». Les Allemands y construisent quatre casemates type Regelbau H669 afin d'accueillir quatre canons hippomobiles de 100 mm FH 14/19 d'origine tchèque. La portée de ces canons est de dix kilomètres. Cette position fortifiée est servie par la 6e batterie du 1716e régiment d'artillerie *(6./AR1716)*. *(Photo J-C Stasi.)*

Ci-dessus : la première ligne d'obstacles dressés par les Allemands sur la plage de Ver-sur-Mer. Au terme de leur traversée de la Manche, les soldats britanniques sont attendus par des pieux en bois surmontés de mines ou d'obus, puis des pieux d'arrêt et enfin des « hérissons tchèques » en acier. *(Archives Ph. Bauduin.)*

Détail d'un de ces pièges de plage : un obus fixé sur un pieu en bois enfoncé dans le sable. *(Archives Ph. Bauduin.)*

5. Un sous-marin de poche entre Juno et Gold

Deux sous-marins de poche britanniques vont jouer un rôle majeur dans la réussite du débarquement allié. L'un au large de Ouistreham et l'autre entre Juno Beach et Gold Beach. Petits par la taille, mais d'une grande importance.

Les midgets de la classe X sont des sous-marins de poche britanniques destinés à des opérations de commandos contre les navires ennemis, comme le super cuirassé allemand *Tirpitz* (opération *Source* le 23 septembre 1943 en Norvège), à des relevés des profils des côtes, ou encore à des attaques surprises.

Pour l'opération *Neptune* (la première phase de l'opération *Overlord*), deux midgets doivent servir de balises pour faciliter la navigation finale des navires chargés d'hommes et de véhicules : le X 23 *Xintia*, à l'extrême est du secteur de débarquement, positionné devant Ouistreham ; le X 20 *Exemplar* doit prendre place entre Juno Beach et Gold Beach, au large de Courseulles.

D'une autonomie de cinq jours ou 1 850 km, ces sous-marins de poche se déplacent à une allure de 7 noeuds en surface et 3,5 nœuds en plongée. D'une longueur de 15,5 mètres, ils sont servis habituellement par un équipage de trois marins, mais pour *Neptune* cet équipage a été porté à cinq hommes. L'habitacle est si exigu que les hommes à bord ne peuvent pas se tenir debout, et enfiler une combinaison de plongée s'avère un délicat exercice de contorsionniste.

Le X 20 est commandé par le lieutenant Ken Hudspeth, un officier de la *Royal Australian Navy* âgé de 36 ans. Ce submersible est arrivé sur les côtes normandes le dimanche 4 juin, la date initialement prévue pour le Débarquement

Un sous-marin de poche de la classe X. *(Archives Ph. Bauduin.)*

Le lieutenant Ken Hudspeth, de la *Royal Australian Navy*, commandant du X 20. *(Archives Ph. Bauduin.)*

étant le 5. Il s'est tapi en plongée en attendant les ordres. Dans la nuit du 4 au 5, il a fait surface pour « prendre l'air » et se positionner au bon endroit. Le commandant a pu observer les amers en toute discrétion. Il apprend alors que le Débarquement est reporté. Il lui faut donc se mettre en plongée et patienter un jour de plus. Comme l'autonomie en oxygène n'est que de cinq jours, un nouveau report obligerait le lieutenant Hudspeth à saborder le navire et à gagner la côte avec son équipage, en vêtements civils et avec de fausses cartes d'identité.

Dans la nuit du 5 au 6 juin, à 4 h 50, les deux midgets reçoivent l'ordre de déployer leur antenne de radar-gonio et le mât phare de 5,5 mètres, émettant une lumière verte vers le large. À 5 h 06 le fanal du Jour J est hissé. À 9 h 50 leur mission est terminée et un large *« White Ensign »* (le pavillon de la *Royal Navy*), digne d'un croiseur, est déployé bien en vue des navires de l'armada alliée.

Ken Hudspeth sera le marin le plus décoré de la *Royal Australian Navy*.

Un plongeur sortant d'un sous-marin de la classe X. *(Archives Ph. Bauduin.)*

6. Deux cibles de choix pour la flotte d'invasion

Avec ces deux objectifs majeurs que sont la batterie de Longues à l'ouest et la batterie du Mont-Fleury à l'est, le secteur Gold va faire l'objet d'un intense bombardement préparatoire de l'artillerie navale alliée.

C'est la plus grande flotte de tous les temps. Avec ses près de sept mille navires de toute sorte, vaisseaux de guerre, transports de troupes, péniches de débarquement et bâtiments de soutien, elle laisse bien loin derrière elle « l'Invincible Armada » affrétée en 1588 par le « très catholique » Philippe II d'Espagne pour conquérir l'Angleterre protestante d'Elisabeth Ire.

La force navale expéditionnaire alliée est commandée par l'amiral britannique Sir Bertram Ramsay. Agé de 61 ans, cet aristocrate de petite noblesse, entré dans la *Royal Navy* quand il n'avait que 15 ans, est un homme de grande expérience. Rappelé par Churchill en 1939 alors qu'il était à la retraite depuis l'année précédente, il a dirigé avec succès, au printemps 1940, l'évacuation des troupes britanniques de la poche de Dunkerque (opération *Dynamo*). En novembre 1942, il a participé à la coordination du débarquement en Afrique du Nord (opération *Torch*), avant de devenir le coordinateur en chef du débarquement en Sicile à l'été 1943 (opération *Husky*).

Cette flotte composée de bateaux d'une dizaine de marines différentes est divisée en deux entités principales : la *Western Task Force* (secteurs d'Utah et Omaha) est commandée par le contre-amiral américain Alan Kirk, l'*Eastern Task Force* (secteurs de Gold, Juno et Sword) est sous les ordres de l'amiral britannique Sir Philip Vian, vétéran du débarquement en Italie.

Pour canaliser les quelque sept mille navires à travers la Manche, infestée de mines, les planificateurs alliés ont prévu dix chenaux de navigation (deux par plage de débarquement), dragués et balisés quelques heures seulement avant le début de la traversée afin de préserver

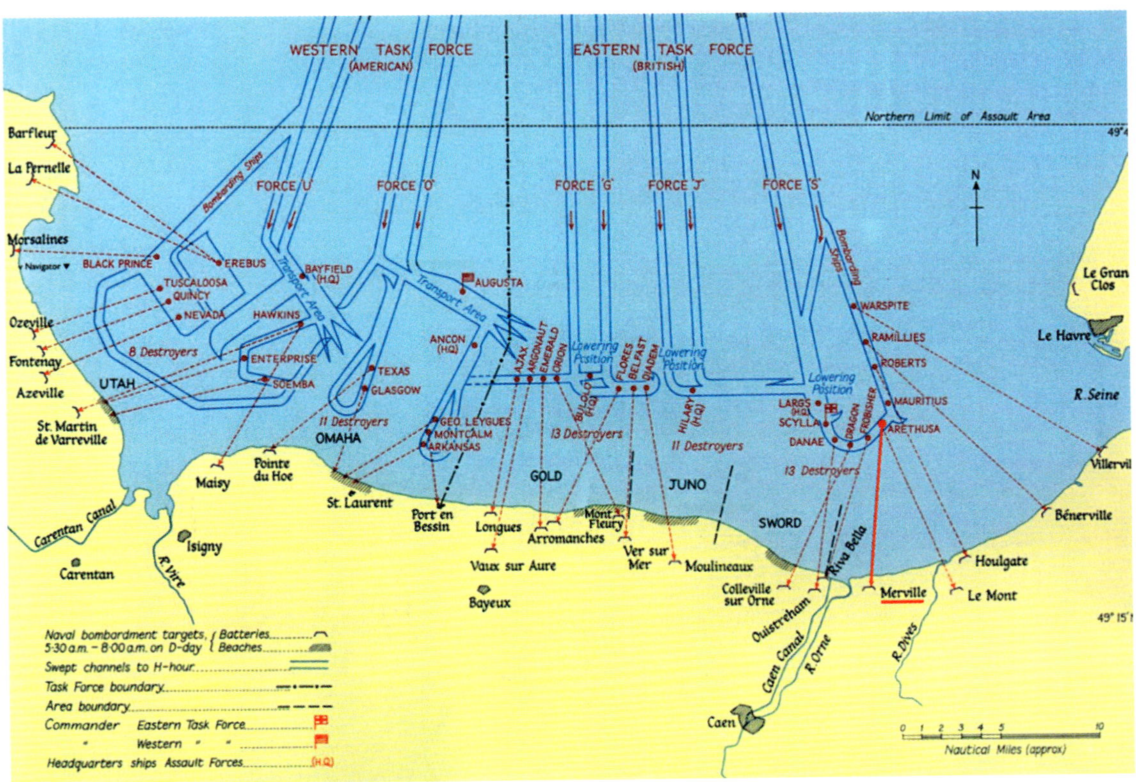

Carte de l'opération *Neptune*, avec la représentation des dix chenaux de navigation. On voit que six d'entre eux font partie de l'*Eastern Task Force*, dont deux concernent directement le secteur Gold. *(Archives Ph. Bauduin.)*

jusqu'au dernier moment le secret de cette gigantesque opération navale. Larges de 400 à 1 200 mètres, ces chenaux sont balisés par des bouées lumineuses rouges et vertes, mouillées à des distances variant de deux à cinq milles marins. Tous les commandants ont reçu une feuille de route sur laquelle sont mentionnées les heures de passage de chaque bateau aux différentes bouées.

Mais l'opération *Neptune*, première phase de l'opération *Overlord*, ne se limite pas au transport des troupes jusqu'au littoral normand. Les navires de guerre placés sous les ordres de l'amiral Ramsay doivent également préparer l'assaut terrestre par un bombardement massif et assurer la protection des péniches de débarquement. Chacune des cinq plages dispose de sa propre *Task Force* pour effectuer cet indispensable appui-feu : *Task Force A* (Utah), *Task Force C* (Omaha), *Task Force D* (Sword), *Task Force E* (Juno) et *Task Force K* (Gold), cette dernière étant commandée par le contre-amiral Frederick Dalrymple-Hamilton, qui se trouve à bord du croiseur *HMS Belfast*. En plus de sa quinzaine de navires de guerre de la *Royal Navy*, la *Task Force K* compte une canonnière hollandaise (*HNLMS Flores*) et un destroyer battant pavillon polonais, l'*ORP Krakowiak*, construit en Grande-Bretagne et cédé en mai 1941 aux Forces navales polonaises libres.

Ce bombardement depuis la mer va intervenir en complément du pilonnage aérien massif commencé dans la nuit, alors que l'armada alliée voguait tous feux éteints vers la Normandie, par plus de trois mille bombardiers lourds et près de deux mille bombardier légers et moyens appartenant principalement à la *Royal Air Force* et aux *US Army Air Forces*.

Pour cette préparation d'artillerie navale, Ramsay peut compter sur près de cent cinquante navires de guerre, cuirassés, croiseurs et autres destroyers, auxquels s'ajoutent plus

L'amiral Bertram Ramsay (au centre) est le commandant en chef des forces navales alliées. On le voit ici photographié le Jour-J sur la plage de Ver-sur-Mer en compagnie du maréchal de l'air Arthur Tedder, commandant suprême adjoint de l'opération *Overlord*. *(Archives Ph. Bauduin.)*

L'un des navires radar de la flotte alliée. *(Archives Ph. Bauduin.)*

de trois cents chalands de débarquement spécialement équipés de canons et de tubes lance-roquettes. Les cibles principales sont, en toute logique, les puissantes pièces d'artillerie côtière qui menacent directement les bâtiments ennemis au large.

Et pour ce qui concerne Gold Beach, deux objectifs vont être tout particulièrement visés. À l'ouest du secteur, c'est la redoutable batterie de Longues et ses quatre canons de 150 mm, d'une portée de vingt kilomètres. Compte tenu des risques qu'elle représente pour le secteur de Gold, les chefs militaires alliés en ont fait un objectif prioritaire, la faisant bombarder quasi quotidiennement au cours des deux semaines précédant le Jour-J. Mais malgré pas moins de mille cinq cents bombes reçues, les dégâts ont été limités.

À l'est de Gold Beach, les artilleurs de la *Task Force K* ont pour objectif prioritaire la batterie du Mont Fleury, sur les hauteurs de Ver-sur-Mer, dont seules deux casemates sur les quatre prévues sont achevées pour abriter les canons de 122 mm d'origine soviétique capturés sur le front russe.

Quelques minutes après 5 heures du matin, soit moins d'une heure avant le lever du soleil prévu à 5 h 58 ce mardi 6 juin 1944, le bombardement naval débute dans un fracas d'apocalypse, enveloppant la flotte alliée d'un immense nuage de fumée, troué de façon quasi incessante par les lueurs des départs de feu qui embrasent le ciel gris et bas.

Une partie de l'armada alliée voguant vers les plages normandes. Une photo exceptionnelle, prise depuis le croiseur français *Georges-Leygues* aux toutes premières heures du 6 juin 1944. *(Archives François Bellier - coll. J-C Stasi.)*

À 5 h 10, le croiseur léger *HMS Orion* commence à tirer sur la batterie du Mont Fleury. En près de deux heures, il va l'atteindre à douze reprises mais sans lui causer de dommages majeurs.

Au large de Gold Beach, le croiseur britannique *HMS Orion* fait feu à partir de 5 h 10 sur la batterie du Mont-Fleury, construite sur les hauteurs de Ver-sur-Mer. *(IWM.)*

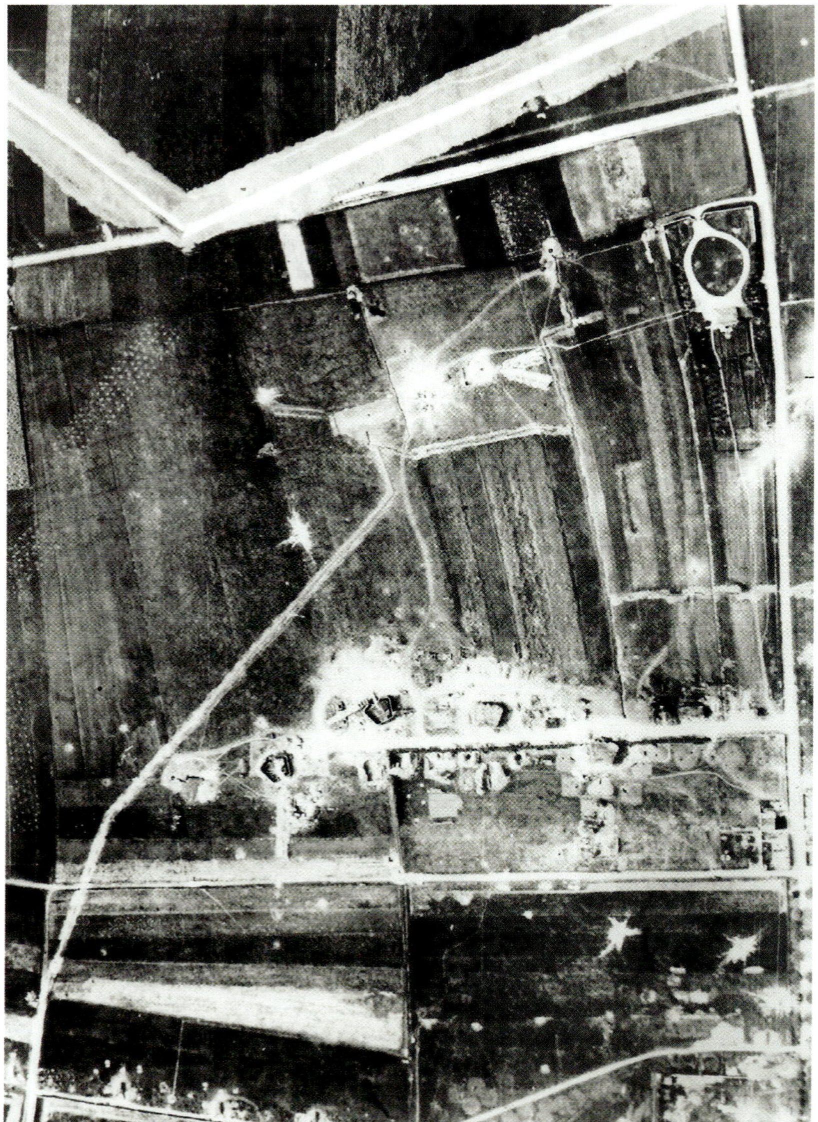

Ci-contre : vue aérienne de la batterie du Mont Fleury après son bombardement intensif par le croiseur britannique *HMS Orion*. En haut de la photo, entre la mer et la batterie, on voit bien le fossé antichar en lignes brisées dont la pointe mord sur la route qui relie Ver-sur-Mer à Asnelles. Un peu en dessous à droite, ce que les spécialistes de la reconnaissance aérienne appelaient alors « la cuvette de WC » du fait de sa forme à peu près circulaire et sa couleur blanche. Ce relief constituait un amer très utile aux artilleurs navals alliés car il leur permettait de localiser avec précision les casemates de la batterie. *(Archives Ph. Bauduin.)*

Le bombardement sur la batterie du Mont-Fleury va durer deux heures, sans lui infliger de dommages majeurs, et il faudra une attaque terrestre pour la neutraliser. *(Photo J-C Stasi.)*

Une vingtaine de minutes plus tard, un autre bâtiment de la *Royal Navy*, le cuirassé léger *HMS Ajax*, reçoit l'ordre d'ouvrir le feu sur la batterie de Longues avec ses canons de 152 mm et 102 mm. Il va être aidé dans cette mission par le cuirassé américain *USS Arkansas*, armé de douze pièces de 305 mm, ainsi que par deux croiseurs français, le *Georges-Leygues* et le *Montcalm*, ces trois bâtiments étant positionnés plus à l'ouest pour bombarder les défenses allemandes d'Omaha Beach.

La canonnade va faire rage durant plusieurs heures entre les pièces de ces différents navires et la batterie de Longues. Peu avant 9 heures, trois de ses canons seront réduits au silence après plusieurs coups au but de la flotte alliée. Le quatrième ne cessera ses tirs que l'après-midi vers 17 heures.

Comme le redoutaient les planificateurs de *Neptune*, les puissantes batteries du secteur de Gold auront donné du fil à retordre aux artilleurs navals de l'amiral Ramsay.

Ci-dessus : vue générale des casemates de la batterie de Longues-sur-Mer (*WN 48*), avec la mer au fond. *(E.G./Heimdal.)*

Ci-contre : batterie de Longues-sur-Mer. Trois des quatre casemates abritent encore leurs canons de marine de 150 mm, fabriqués chez Skoda à Pilsen, sous leurs tourelles bétonnées. *(E.G./Heimdal.)*

La culasse d'un des quatre canons de 150 mm de la batterie de Longues, toujours en place dans sa casemate bétonnée soixante-quinze ans après le Jour-J. *(Photo J-C Stasi.)*

7. La "Northumbrian" retrouve le sol de France

Retrouvant les plages françaises quatre ans après l'évacuation de Dunkerque, les hommes de la *50th Northumbrian Infantry Division* vont connaître des fortunes diverses selon le secteur de Gold Beach où ils mettent pied à terre.

Après un mois de mai quasiment estival qui a vu les belligérants profiter du soleil et de la chaleur des deux côtés de la Manche, il règne un temps de Toussaint en ces toutes premières heures du mardi 6 juin 1944. Un temps si mauvais que le général américain Dwight Eisenhower, commandant en chef d'*Overlord*, a dû prendre la lourde décision de reporter d'une journée le début de la plus grande opération

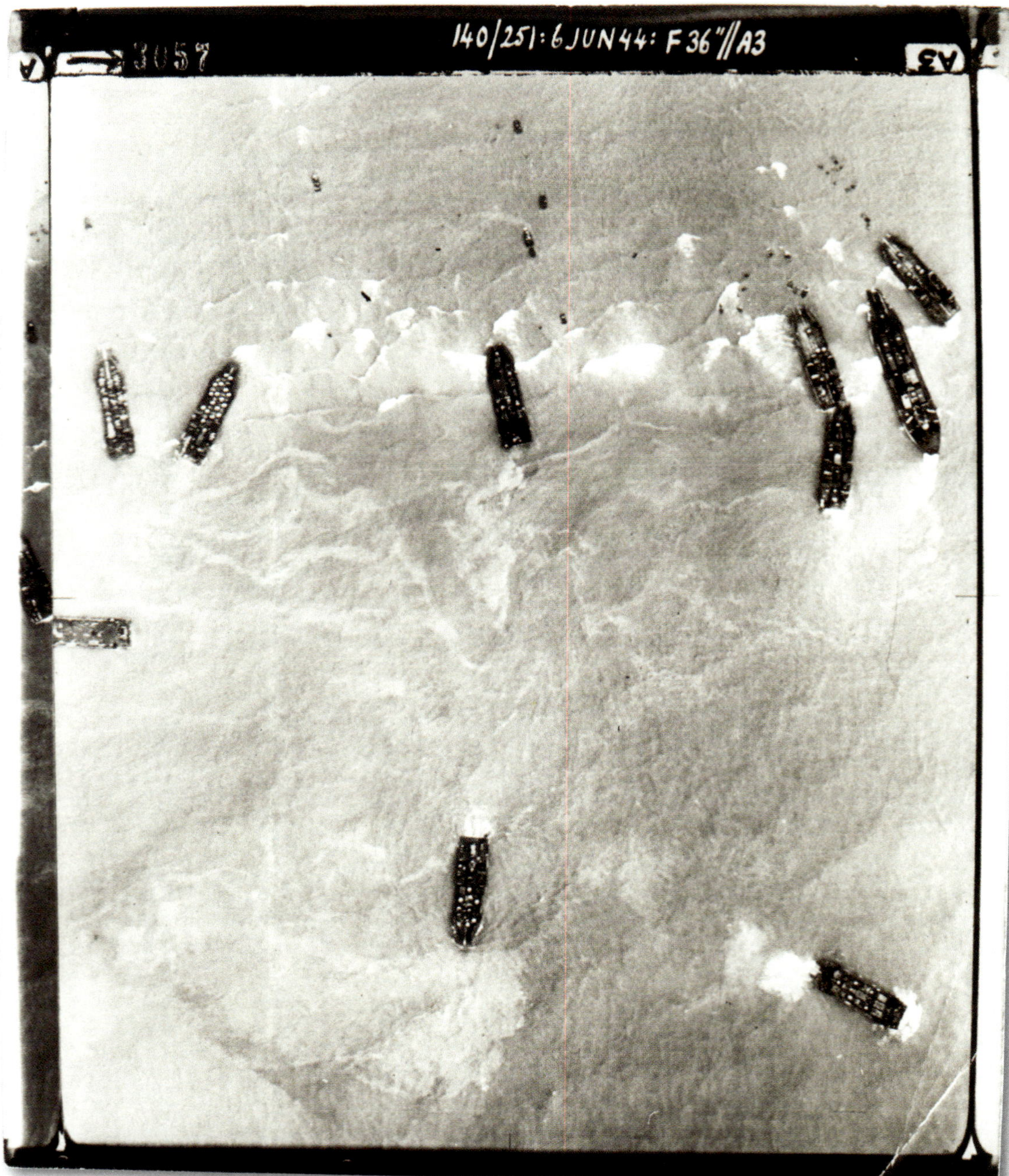

Vue aérienne de chalands de débarquement se dirigeant vers Gold Beach, le 6 juin 1944. *(Archives Ph. Bauduin.)*

militaire de tous les temps, initialement prévu pour le 5 juin.

Le ciel est bas et gris, à l'unisson des coques et des superstructures des bateaux de toute taille répartis à perte de vue sur les flots moutonneux. *« C'est le crépuscule du matin »* décrira le Breton Gwen-aël-Bolloré, membre des 177 Français libres du commando Kieffer, qui s'apprêtent à débarquer à Sword Beach, plus à l'est.

À bord des chalands, leur armement à portée de main, les hommes qui s'apprêtent à essuyer le feu des défenses allemandes ont froid, et beaucoup sont malades à cause du mal de mer. Serrés comme des sardines dans ces embarcations inconfortables exposées aux embruns glacés, tous sont pressés d'arriver pour retrouver la terre ferme, même s'ils ont conscience que ce sera loin d'être une partie de plaisir.

Les bombardements par l'artillerie de marine et l'aviation alliées ont préparé le débarquement des troupes jusqu'au dernier moment. Les «*frogmen*» (hommes grenouilles) de la *Royal Navy* sont également entrés en action quelques minutes avant l'assaut pour dégager les obstacles sous-marins et baliser des accès pour les barges. Leur travail sera prolongé à terre par les sapeurs des *Royal Engineers*.

Ayant tiré la leçon du raid désastreux sur Dieppe en août 1942 avec les Canadiens, les

Vue aérienne du secteur KING, sur laquelle on voit nettement le très long fossé antichar en lignes brisées, creusé au pied du Mont Fleury. *(Archives Ph. Bauduin.)*

La plage de Ver-sur-Mer vue de la mer. On distingue au fond le phare et le radio phare. Les bateaux alliés sont surmontés de ballons captifs pour les protéger d'attaques aériennes. *(Archives Ph. Bauduin.)*

Britanniques ont décidé de faire débarquer en même temps que la première vague d'assaut, voire un peu avant, des blindés destinés à soutenir au plus près leur infanterie afin que celle-ci ne se fasse pas anéantir dès les premiers mètres parcourus. Il y a ainsi des chars «*Crab*», version du char Sherman spécialement conçue pour faire sauter les mines au moyen de longues chaînes métalliques fixées à l'avant et reliées par un cylindre, qui fouettent le sol au fur et à mesure que le char avance. S'y ajoutent des «*Crocodile*» (Sherman équipé d'un lance-flamme), des «*Petard*» (char Churchill avec un mortier de 290 mm à la place du canon), des chars amphibies «*Duplex Drive*»; et, comme nous l'avons vu, des «*Bobbin*» (ou «*Carpet-Layer*») pour le franchissement des plaques d'argile et de tourbe, et des «*ARK*» (version du char Churchill dotée de rampes pour combler les fossés anti-char).

Le *HMS Bulolo*, navire amiral de la *Task Force G*, en charge du débarquement sur le secteur de Gold Beach. Alors qu'il se trouve à la hauteur d'Arromanches, les feux de la batterie de Longues-sur-Mer vont le contraindre à se mettre hors de portée des tirs. *(Archives Ph. Bauduin.)*

Des chalands *LCT (Landing Craft Tank)* voguant vers la plage de La Rivière (Vers-sur-Mer). *(Archives Ph. Bauduin.)*

Il est 7 h 25 lorsque les premiers soldats britanniques foulent le sable de Gold Beach. Voyons, secteur par secteur, comment se déroulent les opérations.

JIG

Le *1st Hampshire* de la *231st Infantry Brigade* débarque près des Roquettes, soutenu par les chars du *Sherwood Rangers Yeomanry* appartenant à la *8th Armoured Brigade*. Le *Wn 36*, situé à l'est d'Asnelles, au lieu-dit « La Cabane des Douanes », est enlevé rapidement, mais non sans pertes.

Plus à l'ouest, au lieu-dit « Le Hamel », le *Wn 37*, intact malgré les bombardements préparatoires, oppose une très vive résistance, interdisant l'accès au village d'Asnelles, qui constitue l'un des objectifs de la *231st Infantry Brigade*.

Des DUKW 353, véhicules amphibies, voguant vers la plage de La Rivière (Ver-sur-Mer), après les vagues d'assaut. *(Archives Ph. Bauduin.)*

« La première attaque contre le Wn 37 *par la compagnie A et une partie de la compagnie C du* 1st Hampshire *est un véritable fiasco. Le commandant de la compagnie A, le* Major *Richard Haines, se fait tuer en menant ses hommes, et la plupart des autres officiers sont tués ou blessés. Du fait des mauvaises*

Des *LST (Landing Ship Tank)* filant vers la plage de La Rivière (Ver-sur-Mer). *(Archives Ph. Bauduin.)*

liaisons radio avec la flotte au large, aucun appui naval ne sera possible sur cette zone jusqu'en fin d'après-midi, alors que la position sera déjà tombée. De plus, lorsque le Squadron B *du* Sherwood Rangers *débarque à 8 heures, trois de ses chars* DD *coulent et les autres sont détruits où s'embourbent. Trois chars Churchill lance-flammes en soutien au* 1st Hampshire *pour son attaque sur Asnelles coulent également en débarquant »* raconte Guillaume Dormy, chargé des collections du musée du Débarquement d'Arromanches.

Asnelles, *WN 37*, secteur JIG Green. Cette casemate R669 dans laquelle se trouvait un redoutable canon de 77 mm d'origine polonaise, et non un 88 mm comme l'indique le panneau se trouvant sur l'un des murs, va infliger de lourdes pertes à la première vague d'assaut. Des stigmates des combats sont encore visibles sur le flanc de la casemate et témoignent de la violence des combats. *(Photo J-C Stasi.)*

Le *Wn 37* va détruire pas moins de six blindés britanniques avec son canon de 77 mm d'origine polonaise. *« Il faudra attendre 9 h 30, soit deux heures après l'assaut de la première vague, pour que le char Sexton de la* 511st Battery *du* 147th Essex Yeomanry Field Regiment, *commandé par le sergent Palmer, réduise ce canon au silence. Des impacts sont encore visibles sur le flanc de la casemate et témoignent de la violence des combats »* poursuit Guillaume Dormy.

En outre, les hommes ayant débarqué sur ce secteur, tout comme les barges se trouvant à proximité, subissent le feu du canon de 88 mm situé sur les hauteurs de Saint-Côme-de-Fresné (*Wn 39*), qui prend en enfilade les plages de Saint-Côme et Asnelles. L'infanterie britannique devra le prendre à revers avec le soutien de plusieurs chars.

Vers 8 h 30, après avoir reçu le renfort du *2nd Devonshire* et de blindés, dont des chars «*Petard*» et leur redoutable mortier de 290 mm, les hommes encore valides du *1st Hampshire* repartent à l'assaut. Cette fois, ils opèrent par l'intérieur des terres, s'étant rendu compte qu'il était impossible d'attaquer le *Wn 37* de façon frontale.

La position du Hamel ne tombera que vers 16 heures avec la reddition des derniers défenseurs allemands, au terme de féroces combats au corps-à-corps et au prix de lourdes pertes: environ 180 tués et de nombreux blessés, dont le chef du *1st Hampshire*, le lieutenant-colonel Nelson-Smith. Son adjoint, le *Major* Charles Martin, un officier de carrière de 27 ans, transféré du *1st Dorsetshire*, son unité d'origine, au *1st Hampshire* pour le D-Day, a été tué lui aussi, alors qu'il débarquait. Il repose au cimetière britannique de Bazenville et une rue d'Asnelles porte son nom.

Plus à l'est, le troisième bataillon de la *231st Infantry Brigade*, le *1st Dorset*, a débarqué à 7 h 30 aux Roquettes. Moins exposés aux tirs du *Wn 36* que le *1st Hampshire*, ses hommes

Cimetière britannique de Bazenville. Tombe du *Major* Charles Martin, commandant en second du *1st Hampshire Regiment*, tué le Jour J sur la plage d'Asnelles alors qu'il venait de débarquer. Sur la plaque figure le nom de son régiment d'origine. *(Photo Georges Bernage/Heimdal.)*

Une rue d'Asnelles porte le nom du *Major* Martin. *(Photo J-C Stasi.)*

Ci-dessous : flottille de *LCVP (Landing Craft Vehicle and Personnel)* au large de Gold Beach. *(Archives Ph. Bauduin.)*

Vus du Mont Fleury, les bateaux alliés surmontés de ballons captifs, les protégeant d'éventuelles attaques aériennes. *(Archives Ph. Bauduin.)*

Canon automoteur Sexton du *86th Hertfordshire Yeomanry Field Regiment*. En mer, les canons de ce régiment d'artillerie blindé engagent le combat depuis les péniches de débarquement. Les observateurs avancés du régiment accompagnent chaque bataillon d'infanterie, de façon à ce que les Sexton, une fois mis en batterie à terre, puissent les soutenir dans leur progression vers l'intérieur des terres. Le Sexton que l'on voit sur cette photo est exposé à l'entrée de Ver-sur-Mer. Il a été offert par le Dr Matthew Kiln pour honorer la mémoire de son père, le *Major* Robert Kiln, et celle des soldats britanniques débarqués sur cette plage. *(Photo J-C Stasi.)*

Le *cap badge* (insigne de béret) des artilleurs britanniques. *(Collection Ph. Bauduin.)*

Débarquement du *47th Royal Marine Commando* sur la plage du Hamel (Asnelles). *(Archives Ph. Bauduin.)*

Ci-dessous : débarquement de chars depuis un chaland *LCT*. *(Archives Ph. Bauduin.)*

réussissent à se regrouper rapidement et à se diriger vers le Buhot, au sud d'Asnelles. Tandis que la compagnie C va en renfort au Hamel, deux autres compagnies s'enfoncent à l'intérieur des terres en direction de Meuvaines. Sur cette portion de plage, les Britanniques déplorent désormais la perte de plusieurs chars, dont deux Sherman « *Duplex Drive* » et un char « *Crab* » qui a sauté sur une mine.

Sur JIG débarque aussi, vers 8 h 30, près des Roquettes, le *47th Royal Marine Commando*, qui a pour mission de prendre Port-en-Bessin. Les choses ne se présentent pas de façon idéale pour l'unité du lieutenant-colonel Philips. Quatre de ses quatorze barges sont détruites avant même d'avoir atteint la plage. Dispersés et ralentis par l'encombrement croissant de la plage, les commandos n'atteindront l'église du Hamel, leur lieu de rassemblement, qu'en début d'après-midi. Une fois regroupés, ils mettent cap à l'ouest par l'intérieur des terres. Ils ont une quinzaine de kilomètres à parcourir à pied pour atteindre leur objectif.

KING

Sur le secteur KING, la première vague d'assaut est constituée du *6th Green Howards*, à l'est, et du *5th East Yorkshire*, à l'ouest. Appartenant à la *69th Infantry Brigade*, ces deux unités débarquent elles aussi vers 7 h 30.

Le *6th Green Howards* met pied à terre au Hable de Heurtot. Avec l'appui des chars du *4th/7th Royal Dragoon Guards*, les fantassins britanniques enlèvent rapidement le *Wn 35* dont la garnison d'*Osttrupen* n'oppose pas une grande résistance.

Ce point d'appui neutralisé, les hommes du *6th Green Howards* s'engagent sur l'unique chaussée permettant de franchir la vaste zone marécageuse située derrière la plage. À la sortie de ce marais, ils se dirigent vers la batterie du Mont Fleury, positionnée au nord-ouest de Ver-sur-Mer, qui constitue un objectif important (lire chapitre 8).

Plus à l'est, sur la plage de La Rivière, les choses se passent nettement moins bien pour le *5th East Yorkshire*. À peine débarqué, il essuie le feu meurtrier du *Wn 33*, dont le canon de 88 mm est abrité par une casemate camouflée en maison avec de fausses fenêtres. Deux chars spéciaux sont aussitôt détruits et l'infanterie britannique est, elle aussi, mise à mal par les défenseurs de cette position, qui les arrosent avec leurs mitrailleuses. *« Deux officiers de la compagnie D du* 5th East Yorkshire *sont tués et le commandant de compagnie, le capitaine*

Ver-sur-Mer, secteur KING, Guillaume Dormy, chargé des collections du Musée du Débarquement d'Arromanches, montre l'endroit où a débarqué à 7 h 37 la compagnie D du *6th Green Howards Regiment* à laquelle appartenait le *Sergeant-Major* Stanley Hollis (voir chapitre 8). *(Photo J-C Stasi.)*

Ci-dessus : Ver-sur-Mer (*WN 33*). Cette casemate armée d'une pièce de 88 mm va causer de gros soucis aux assaillants, détruisant notamment sur la plage deux chars spéciaux. Il faudra attendre l'arrivée du Sherman « *Crab* » du capitaine Roger Bull, appartenant au *4/7th Royal Dragoon Guards*, pour réduire ce canon au silence. *(Archives Ph. Bauduin.)*

La même casemate aujourd'hui. *(Photo J-C Stasi.)*

Un DUKW 353 sur la plage de La Rivière, à marée basse. *(Archives Ph. Bauduin.)*

W. Sugarman, est blessé en atteignant la digue. Le commandant et le commandant en second de la compagnie C de ce même bataillon sont tués également. Il faudra attendre l'arrivée du Sherman « Crab » *du capitaine Roger Bull, appartenant au* 4th/7th Royal Dragoon Guards, *pour réduire au silence ce canon »* précise Guillaume Dormy.

Avec l'appui de l'artillerie navale, le *5th East Yorkshire* réussit finalement, vers 8 h 30, à pénétrer dans le dispositif allemand et à en réduire une à une les positions au silence, faisant près d'une cinquantaine de prisonniers. Mais le prix a été lourd pour le bataillon du lieutenant-colonel White : quatre-vingt dix hommes tués ou blessés, dont six officiers.

Le *Wn 33* neutralisé, le *5th East Yorkshire* s'empare ensuite du *Wn 34*, position fortifiée autour du phare de Ver-sur-Mer du Mont Fleury, où il fait une trentaine de prisonniers.

Plage de La Rivière (Ver-sur-Mer). Un passage praticable a été aménagé pour débarquer les véhicules transportés par ce *LCT*. Au premier plan, un homme des *Beach Groups*, reconnaissable à la bande blanche sur son casque. *(Archives Ph. Bauduin.)*

Des *LCT* sur la plage de La Rivière à marée basse. *(Archives Ph. Bauduin.)*

Débarqué à 8 h 20 en renfort, le *7th Green Howards* entre dans Ver-sur-mer déserté par l'occupant. Le bataillon se dirige alors au sud-est près de Crépon, vers la batterie de La Mare Fontaine et ses quatre pièces tchèques de 100 mm (*Wn 32*). Sur place, une bonne surprise attend les Britanniques. Démoralisés par les bombardements de l'artillerie navale alliée, les défenseurs sortent avec le drapeau blanc. Les Britanniques font ainsi une cinquantaine de prisonniers sans avoir livré un nouveau combat. Comme l'attestent les douilles jonchant le sol, les servants de la batterie de Mare Fontaine auront tout de même eu le temps de tirer quatre-vingt sept obus contre les navires alliés.

Un camion embourbé sur la plage de La Rivière. *(Archives Ph. Bauduin.)*

COMMAND
POST
SANDLING

Un char embourbé jusqu'à la tourelle en haut de la plage de La Rivière. *(Archives Ph. Bauduin.)*

Page suivante : Char embourbé sur la plage de La Rivière. On voit à droite la tourbe déjà extraite pour le dégager. *(Archives Ph. Bauduin.)*

Un char Sherman *DD (Duplex Drive)* embourbé sur la plage de La Rivière. *(Archives Ph. Bauduin.)*

Ci-dessus : ce mélange de tourbe et d'argile qui a causé tant de tracas aux différents véhicules débarqués le 6 juin. *(Archives Ph. Bauduin.)*

Un DUKW 353 et des *LCT* sur la plage de La Rivière. *(Archives Ph. Bauduin.)*

Prisonniers allemands sur la plage de La Rivière. *(Archives Ph. Bauduin.)*

Un char *DD* à la sortie de la plage de Ver-sur-Mer. On aperçoit, derrière, le phare et le radiophare construit par les Français avant la guerre. *(Archives Ph. Bauduin.)*

Ci-dessus : le *cap badge* (insigne de béret) des tankistes britanniques. (Collection Ph. Bauduin.)

Ces chars du *3rd County of London Yeomanry (7th Armoured Division)*, commandé par le *Major* W.H.J. Sale MC, viennent de quitter la plage et se sont regroupés entre le Mont Fleury et la mer, en attendant de poursuivre leur route vers l'intérieur des terres. Au premier plan, un Firefly, reconnaissable à son long et redoutable canon. *(Archives Ph. Bauduin.)*

Photo aérienne prise par un appareil de la *Royal Air Force* le 7 juin 1944. On voit, en bas à gauche, le village d'Asnelles, libéré la veille par les soldats de la *231st Infantry Brigade* après de très rudes combats. En bas à droite, on distingue la plage avec deux chalands de débarquement sur le sable. Entre la plage et le village d'Asnelles, le fossé anti-char aux lignes brisées creusé par les Allemands. Plus haut sur la droite de la photo, le village de Saint-Côme-de-Fresné. La route qui relie la plage à ce village est encombrée par un convoi de véhicules alliés se dirigeant vers Bayeux. Dans la partie centrale de la photo sont visibles de nombreux impacts de bombes. *(Archives Ph. Bauduin.)*

8. Stanley Hollis, la seule "Victoria Cross" du Jour J

GOLD BEACH

Ses actions héroïques et déterminantes contre la batterie du Mont Fleury puis les défenses de Crépon vont valoir à Stanley Hollis la plus haute distinction militaire britannique, la *Victoria Cross*, la seule décernée pour ce 6 juin 1944.

Après la neutralisation du *Wn 35*, les compagnies A et D, éléments de tête du *6th Green Howards*, quittent sans attendre la plage de Ver-sur-Mer par la route qui s'élève vers l'intérieur des terres. Leur premier objectif est de prendre le plus rapidement possible la batterie du Mont Fleury, à environ un kilomètre en amont, qui n'est toujours pas réduite au silence malgré son pilonnage durant deux heures par les canons du croiseur *HMS Orion*.

La compagnie D, commandée par le *Major* Lofthouse, compte parmi ses sous-officiers le *Company Sergeant-Major* (adjudant de compagnie) Stanley Hollis, âgé de 31 ans. Engagé dès 1939 dans les *Green Howards*, cet homme, au regard à la fois déterminé et jovial et à la silhouette sportive, a fait partie du corps expéditionnaire britannique (*British Expeditionary Force*) envoyé en France au début de la guerre. Après son évacuation de la Poche de Dunkerque, Hollis a combattu en Afrique du Nord au sein de la VIIIe Armée britannique, puis en Sicile où il a été blessé lors de la prise du pont de Primosole en juillet 1943.

Le *Company Sergeant-Major* (adjudant de compagnie) Stanley Hollis, est âgé de 31 ans au moment du Débarquement. *(Archives Ph. Bauduin.)*

Bref, en plus d'être un meneur d'hommes, c'est un dur à cuire qui a connu le feu plus d'une fois. Et à peine revenu en France, quatre ans après en avoir été chassé par ces mêmes Allemands, il ne va pas tarder à démontrer de nouveau sa bravoure et ses qualités guerrières.

Alors qu'ils se trouvent aux abords de la batterie, après avoir quitté la route par la droite, les fantassins britanniques essuient un tir de mitrailleuse nourri. À peine le *Major* Lofthouse a-t-il désigné la casemate d'où proviennent les rafales, à une cinquantaine de mètres, que Stanley Hollis s'élance vers l'objectif sans attendre les ordres, faisant feu de sa Sten tout en courant à découvert, évitant par miracle les balles ennemies.

À cette allure, il ne lui faut que quelques secondes pour atteindre la casemate. Sans attendre, il introduit le canon de sa Sten dans l'étroite ouverture et se met à mitrailler furieusement l'intérieur comme s'il actionnait un pulvérisateur. Après quoi, il se hisse sur le toit et balance une grenade dans la casemate. Sitôt l'explosion, il saute dans la tranchée qui mène à l'entrée de la casemate par l'arrière, tout en tirant avec sa Sten. À l'intérieur, il trouve deux Allemands morts ; quant aux survivants, blessés ou choqués, ils se rendent sans résistance.

Ayant changé le chargeur de sa Sten, Hollis s'engage, toujours en courant, dans la tranchée qui mène à la seconde casemate, distante d'une centaine de mètres, et qui arrose, elle

Ver-sur-Mer (secteur King Green). Située en bordure de plage, à l'endroit où a débarqué le *6th Green Howards*, cette petite construction était en 1944 un arrêt sur la ligne ferroviaire longeant la côte. En 2006, elle a été achetée et rénovée par le régiment pour en faire un lieu de mémoire dédié aux hommes des *6th Green Howards* et *7th Green Howards*. *(Photo J-C Stasi.)*

Ci-dessous : Ver-sur-Mer (secteur King Green). Après avoir débarqué à 7 h 37, les compagnies A et D, éléments de tête du *6th Green Howards*, empruntent cette route partant de la plage pour atteindre la batterie du Mont Fleury. Ici masquée par les arbres, la « cabane Hollis » se trouve au bout de la route. *(Photo J-C Stasi.)*

aussi, les *Green Howards*. Mais cette fois, l'assaillant solitaire n'a pas besoin d'ouvrir le feu. Avec étonnement, il voit venir à lui vingt-cinq à trente soldats allemands, les bras levés en signe de reddition. Une fois regroupés, ces derniers sont envoyés directement vers la plage sous bonne garde afin d'être pris en charge par les *Beach Groups*. Moins de cinquante minutes après avoir débarqué, Stanley Hollis vient d'en finir à lui tout seul avec la garnison de la batterie du Mont Fleury.

Cet objectif atteint, les *Green Howards* se dirigent vers Crépon, encore plus à l'intérieur des terres. À la sortie du village en direction de Bayeux, les Britanniques tombent sur un canon de campagne allemand avec des mitrailleuses MG 42 en couverture.

Chargé de commander l'attaque de cette position, Hollis va faire preuve du même courage et du même esprit d'initiative que lors de la prise de la batterie du Mont Fleury. Malgré un sniper qui lui tire dessus et dont une balle lui frôle la joue droite, il fait feu sur le canon avec un lance-roquette PIAT, l'équivalent britannique du bazooka américain. Après quoi, il l'attaque seul avec un fusil-mitrailleur Bren pour faire diversion afin de permettre à deux de ses hommes, restés en arrière à découvert et directement exposés au feu ennemi, de pouvoir dégager.

Pour ces deux faits d'armes, Stanley Hollis se voit attribuer la plus haute distinction militaire britannique, la *Victoria Cross*, créée par la reine Victoria en 1856, lors de la guerre de Crimée, pour récompenser la bravoure face à l'ennemi. Le courageux *Company Sergeant-Major* de la compagnie D du *6th Green Howards* sera d'ailleurs le seul récipiendaire de cette prestigieuse distinction pour la journée du 6 juin 1944, sa citation précisant que *« c'est largement grâce à son héroïsme et son esprit d'initiative que les objectifs de la compagnie ont été atteints avec des pertes minimes, son action ayant permis d'économiser un nombre important de vies humaines parmi ses camarades »*.

Stanley Hollis recevra sa décoration du roi George VI en personne le 10 octobre de cette année 1944, après son rapatriement en Angleterre suite à une blessure survenue sur le front en septembre.

Stanley Hollis a utilisé un pistolet-mitrailleur Sten et des grenades contre les défenseurs de la batterie du Mont Fleury. *(Collection particulière.)*

Ci-dessous : contre les défenses allemandes de Crépon, Stanley Hollis a utilisé un lance-roquettes PIAT, l'équivalent britannique du bazooka américain. *(OBC-Musée de la Résistance bretonne.)*

Munition pour PIAT. *(Collection particulière.)*

Une des casemates de la batterie du Mont Fleury, où s'est illustré Stanley Hollis dans la matinée du 6 juin 1944. *(Photo J-C Stasi.)*

Depuis octobre 1996, un mémorial érigé à Crépon rend hommage aux *Green Howards*. Œuvre du sculpteur James Butler, il représente l'emblématique sous-officier du régiment, décédé le 8 février 1972 dans sa soixantième année. Ce mémorial a été inauguré par le roi de Norvège Harald V, parrain du régiment.

Ci-dessus : créée en 1856 par la reine Victoria pour honorer les actes de bravoure au combat, la *Victoria Cross* est la distinction militaire suprême de l'armée britannique et du Commonwealth. *(Collection Ph. Bauduin.)*

Représentant Stanley Hollis, cette sculpture en hommage aux *Green Howards* est l'œuvre de James Butler, sculpteur de l'Académie royale britannique. Elle a été inaugurée à Crépon le 26 octobre 1996 par le roi Harald V de Norvège, parrain de ce célèbre régiment. *(Photo J-C Stasi.)*

9. "Beach Groups", les hommes à tout faire du Jour J

Reconnaissables à la bande blanche sur leur casque, les *Beach Groups* vont jouer un rôle majeur dans le bon déroulement du Débarquement et la gestion de l'arrivée des renforts en hommes et en matériel sur les plages.

Reconnaissable à la bande blanche qui entoure son casque, un membre des *Beach Groups* en action sur Gold Beach. Il surveille le déroulement de fascines pour permettre le passage des chars et autres véhicules sur le sol argileux de la plage. *(Archives Ph. Bauduin.)*

Dès le début du Jour J, ils sont partout, reconnaissables de loin à la bande blanche bien visible qui entoure leur casque. Et leur rôle crucial ne va cesser de prendre de l'importance au fur et à mesure qu'affluent, de façon quasi incessante, des milliers d'hommes et des tonnes de matériel.

Ce sont les *Beach Groups*, créés par les Britanniques à la fin 1942, au lendemain de l'opération *Torch*, le débarquement anglo-américain en Afrique du Nord, qui a révélé des insuffisances dans l'organisation de telles opérations amphibies, et notamment la gestion des renforts, depuis leur arrivée sur les plages jusqu'à leur mouvement vers l'intérieur des terres. Les Américains ont, eux aussi, constitué des unités comparables, les *Beach Battalions*.

C'est aux *Beach Groups* qu'il revient de neutraliser le plus d'obstacles possible avant l'arrivée des troupes d'assaut, d'éviter que la circulation des fantassins comme celle des véhicules ne soit retardée par des embouteillages ; à eux, aussi, de mettre en place l'indispensable signalisation sur les plages et de créer des dépôts de carburant, de munitions et de nourriture ; à eux, encore, de dérouler des fascines pour éviter que les blindés ne s'embourbent et

L'insigne des *Beach Groups*. *(Collection Ph. Bauduin.)*

de dégager les épaves de bateaux échoués sur les plages ainsi que les véhicules hors d'utilisation; à eux, encore, de prendre en charge les prisonniers.

Comme il s'agit de tâches très diverses, chaque *Beach Group* est composé d'unités spécifiques provenant de la *Royal Navy*, de la *British Army* ou de la *Royal Air Force*. On trouve parmi eux des logisticiens, des sapeurs, des mécaniciens, des conducteurs de camion, des servants de pièces antiaériennes, des médecins et des infirmiers, ou encore des spécialistes des transmissions.

Deux *Beach Groups* sont affectés au secteur Gold, forts chacun d'environ trois mille hommes. Le *N°9 Beach Group* a en charge le secteur KING et le *N°10 Beach Group* s'occupe du secteur JIG.

Le « *Yellow recognition panel* » était porté à l'épaule par les membres des *Beach Groups* afin d'être identifiés comme « amis » par les aviateurs alliés. Cet exemplaire a été offert en 1944 à Philippe Bauduin, alors âgé de 14 ans, par un des membres des *Beach Groups*. *(Collection Ph. Bauduin.)*

Casque d'un membre des *Beach Groups*, retrouvé dans le secteur de Gold Beach. *(Collection Guillaume Dormy.)*

Un membre des *Beach Groups* du secteur de Gold en train de neutraliser un obstacle de plage constitué de deux pieux fichés dans le sable et surmontés d'un obus. Au premier plan, une mine fixée sur un pieu. *(Archives Ph. Bauduin.)*

Ci-contre : l'amiral Ramsay, commandant en chef des forces navales alliées, s'est installé dès le 6 juin dans le bâtiment de la pharmacie Jacquot, comme l'indique le panneau sur cette photo d'époque. *(Archives Ph. Bauduin.)*

Ci-dessus : soixante-quinze ans après, les lieux n'ont pas changé et accueillent toujours une pharmacie au rez-de-chaussée. *(Photo J-C Stasi.)*

Un membre des *Beach Groups*, dont on voit l'insigne cousu sur l'épaule, fait découvrir à des civils français le cacao dans sa boîte de conserve auto-chauffante. Parmi eux, M. Jacquot, le pharmacien de Ver-sur-Mer (le 1er en partant de la gauche avec son béret) ; à sa gauche, avec le manteau sombre, son fils. Comme on le voit, il ne faisait pas très chaud en cette matinée du 6 juin 1944. *(Archives Ph. Bauduin.)*

10. Une progression rapide après le débarquement

Malgré une contre-attaque allemande, les hommes de la *50th Northumbrian* vont progresser rapidement dans les terres. Et même s'ils n'ont pas atteint tous leurs objectifs au soir du 6 juin, ils auront établi une solide tête de pont.

En cette fin de matinée du mardi 6 juin 1944, les deux brigades de renfort de la *50th Northumbrian Infantry Division*, la *56th Infantry Brigade* et la *151st Infantry Brigade*, sont à pied d'œuvre sur le sol normand.

À l'exception de celles du Hamel, à Asnelles, où la résistance allemande est particulièrement coriace, toutes les défenses des plages ont été réduites au silence et les Britanniques peuvent désormais progresser vers l'intérieur des terres.

La *56th Infantry Brigade* devait débarquer vers 11 heures sur JIG. Mais les violents combats en cours au Hamel l'ont contrainte à se dévier vers le secteur KING. Une fois en place, elle peut débuter sa marche vers le sud-ouest en direction de Bayeux. Les unités qui la composent vont rencontrer peu de résistance. Le *2nd Essex* et le *2nd Gloucester* parviennent

Une colonne blindée britannique quitte la plage de Ver-sur-Mer par la route qui monte vers l'intérieur des terres. Au premier plan, un char Cromwell. *(Archives Ph. Bauduin.)*

La même route de nos jours. *(Photo J-C Stasi.)*

jusqu'à Magny-en-Bessin et Sommervieu, où ils s'installent pour la nuit. Après être passés par la station radar allemande de Pouligny, démantelée par ses servants, les Gallois du *2nd South Wales Borderers* atteignent Vaux-sur-Aure dans la soirée, où ils prennent le pont sur la rivière, à seulement trois kilomètres au nord de Bayeux dont ils peuvent apercevoir les flèches de la cathédrale.

Un panneau rappelle que la *50th Northumbrian Infantry Division* est passée par cette route après avoir débarqué. *(Photo J-C Stasi.)*

Plus à l'ouest, sur les hauteurs aux abords d'Arromanches, à quelques centaines de mètres à l'intérieur des terres, la situation est tout autre pour les hommes du *1st Dorsetshire*, régiment faisant partie de la *231st Infantry Brigade*.

Chargés de réduire les défenses allemandes qui prennent sous les feux de leurs canons la plage de Saint-Côme-de-Fresné jusqu'aux marais de Meuvaines, à trois kilomètres plus à l'est, les fantassins de la compagnie C essuient un feu de mitrailleuses très intense alors qu'ils progressent par un sentier, à l'abri des haies, vers le « Point 54 ». Cette position, désignée ainsi par les Britanniques lors de leurs missions de repérage, contrôle l'accès aux trois points de défense regroupant les canons de différents calibres : *Wn 40a*, « Le Bois Bansard » et « Le Puits d'Hérode ». Outre les nids de mitrailleuses, ces pièces d'artillerie sont protégées par des barbelés et des tranchées.

La résistance des Allemands est si forte que le chef de corps du *1st Dorsetshire*, le lieutenant-colonel Norie, décide de laisser la compagnie C au « Point 54 » et d'engager les compagnies A et D, avec le renfort des chars Sherman de l'escadron C des *Sherwood Rangers* et des canons automoteurs du *90th Field Regiment Royal Artillery*.

Troupes britanniques dans le centre de Ver-sur-Mer. Le clocher de l'église servait de poste d'observation pour la batterie allemande de Mare-Fontaine, qui n'avait pas vue sur la mer. *(Archives Ph. Bauduin.)*

Après plus de deux heures de combats acharnés, les Britanniques neutralisent les batteries. Cet engagement décisif pour la poursuite des opérations de débarquement aura coûté plus d'une centaine d'hommes au *1st Dorsetshire*.

Restons dans cette partie ouest de Gold Beach. Après avoir enfin réduit en milieu d'après-midi les dernières défenses allemandes dans le secteur d'Asnelles-Le Hamel, les hommes du *1st Hampshire* se dirigent vers Arromanches, qu'ils ont mission de libérer. Mais leur progression

Ci-dessus : l'église de Ver-sur-Mer de nos jours. *(Photo J-C Stasi.)*

Ci-contre : inscription britannique sur une maison de Ver-sur-Mer indiquant la direction de Crépon, à trois kilomètres, où a été aménagée, dès le 6 juin, par les hommes du *Beach Group n° 9*, une zone de rassemblement (*Assembly Area*) pour les troupes ayant débarqué sur Gold Beach, principalement dans le secteur KING. L'inscription « *ALL DUMPS* » signifie que cette zone comprend un dépôt de rations alimentaires et un dépôt de carburant. Ces dépôts seront utilisés jusqu'à la mi-août 1944 pour être déplacés plus près du front. Les inscriptions « *TT40* » et « *TT55* » indiquent la direction à suivre pour atteindre le Quartier-Général de la *50th Northumberland* et celui du *5th East Yorkshire Regiment*. *(Photo J-C Stasi.)*

Ci-contre : un char britannique dans Ver-sur-Mer. *(Archives Ph. Bauduin.)*

L'insigne de béret (*cap badge*) des unités blindées britanniques. *(Collection Ph. Bauduin.)*

est ralentie par la vive résistance des hommes de la *716. Infanterie-Division* allemande, renforcés par des éléments de la *352. Infanterie-Division*.

Et ce n'est que vers 19 heures que les premières unités du *1st Hampshire* atteignent Arromanches et s'emparent de la station radar de la *Kriegsmarine* au sommet du plateau est. Environ deux plus heures plus tard, toutes les poches de résistance sont réduites et la commune est entièrement libérée, les derniers défenseurs se rendant aux Britanniques. Il fait encore jour en ce début juin et on voit les habitants sortir de leurs caves, certains avec des bouteilles de cidre ou de calva à la main, pour accueillir ces soldats qui n'ont quasiment pas cessé de combattre depuis qu'ils ont débarqué, il y a plus de douze heures.

DES AGENTS BRITANNIQUES À ARROMANCHES DÈS LE 2 JUIN

L'insigne des *SOE*

Dans la soirée du vendredi 2 juin 1944, un petit avion dépose en pleine campagne, non loin du Molay-Littry, trois agents britanniques. Ces hommes sont membres du *Special Operations Executive (SOE)*, service secret créé par Winston Churchill en juillet 1940 pour mener des actions clandestines en soutien aux résistants dans les pays occupés par le Troisième Reich. Tous trois portent des vêtements civils et ont sur eux des papiers d'identité de travailleurs norvégiens. Ils sont munis d'une arbalète et d'un pigeon voyageur.

Le chef du commando est Joe Corry, 20 ans, spécialiste des communications ; il est accompagné d'un spécialiste des explosifs et d'un expert dans l'art de tuer sans faire le moindre bruit. Avant la guerre, Joe Corry était ambulancier dans le nord-ouest de l'Angleterre. Il est passé par le *Special Boat Service (SBS)*, les services spéciaux de la *Royal Navy*, avant d'intégrer le *SOE*, où il a travaillé notamment avec un certain Ian Fleming, créateur quelques années plus tard du célébrissime James Bond, alias « 007 ». D'ailleurs Joe Corry a été l'un des tout premiers agents de la série « 00 », avec le numéro « 005 » et le nom de code « Piranha ». Avant de partir pour la France, Joe Corry a eu quatre heures pour apprendre par coeur le détail de sa mission, après quoi le papier a été brûlé sous ses yeux afin de ne laisser aucune trace.

Guidés par un membre de la résistance locale, les trois hommes effectuent à pied, par la campagne et en prenant soin de contourner Bayeux, le trajet d'une bonne vingtaine de kilomètres jusqu'à Arromanches, leur destination finale.

Leur mission : s'introduire dans la villa « L'Estran », située sur le front de mer, et y saboter les câbles de communication installés par les Allemands. Après quoi, le commando doit se cacher jusqu'au D-Day, jour où il doit rejoindre le *1st Hampshire Regiment*, chargé de libérer la commune. Joe Corry doit également s'assurer que la station radar de la *Kriegsmarine* dressée sur la falaise à l'est d'Arromanches aura bien été détruite.

Le 4 juin au soir, les trois hommes reçoivent le message « *The maid is nigh* », leur indiquant que le débarquement est repoussé de 24 heures. Le lendemain dans la soirée, un nouveau message, « *A present for the teacher* », les informe que l'opération *Neptune* a bel et bien commencé.

À la sortie de Ver-sur-Mer, des soldats de la *50th Northumbrian* progressent sur la route en direction de Crépon. *(Archives Ph. Bauduin.)*

Encore plus à l'ouest, à la limite entre le secteur anglo-canadien et le secteur américain, les hommes du *47th Royal Marine Commando* n'ont toujours pas atteint Port-en-Bessin, leur objectif prioritaire. Il faut dire que rien ne se déroule comme prévu pour eux depuis qu'ils ont débarqué sous un feu nourri, après avoir perdu plusieurs de leurs chalands et avoir vu plusieurs autres dispersés.

Tant et si bien que la nuit est déjà tombée lorsqu'ils parviennent sur les hauteurs du mont Cavalier, à environ deux kilomètres à l'est de Port-en-Bessin. Et bien qu'épuisés par les combats de la journée et leur longue marche, les commandos du lieutenant-colonel Philips vont lancer plusieurs patrouilles en direction de la commune pour évaluer les défenses allemandes. Mais la libération de Port-en-Bessin ne sera pas pour ce 6 juin. Les *Royal Marines* s'enterrent en attendant l'aube.

Saint-Côme-de-Fresné. Passage emprunté le 6 juin par les hommes de la compagnie C du *Dorsetshire Regiment*, chargés de détruire les défenses allemandes situées sur les hauteurs et prenant directement sous le feu de leurs canons la plage de Saint-Côme-de-Fresné jusqu'aux marais de Meuvaines, à trois kilomètres plus à l'est. *(Photo J-C Stasi.)*

La seule contre-attaque allemande notoire sur le secteur Gold se produit nettement plus à l'est, dans le courant de l'après-midi. Parti de Villiers-le-Sec, une *Kampfgruppe* (groupe tactique) de la *352. Infanterie-Division*, commandé par le colonel Meyer et comprenant notamment une dizaine de canons automoteurs, engage l'ennemi dans les environs de Crépon. Les Allemands commencent par détruire plusieurs chars britanniques, mais les *Green Howards* de la *69th Infantry Brigade* finissent par reprendre l'avantage, au prix de sérieuses pertes.

Les quelque quatre-vingt dix survivants du *Kampfgruppe* se replient finalement sur Ducy-Sainte-Marguerite. Cette unique contre-attaque aura fait long feu et les *Green Howards* peuvent reprendre leur progression en direction de Bayeux, occupant en fin de journée une ligne Esquay-sur-Seulles/Rucqueville, à très courte distance de cette, ô combien stratégique, route nationale 13, qui relie Bayeux à Caen et Cherbourg.

Arromanches, soirée du 6 juin. Après s'être emparés de la station radar sur le plateau est, les fantassins du *1st Hampshire Regiment* pénètrent dans la commune. *(Photo Charles Chevrot - Musée du Débarquement d'Arromanches.)*

Arromanches, soirée du 6 juin. Soldats du *1st Hampshire Regiment* dans la rue principale. Baïonnette au canon, ils viennent de passer une journée de très rudes combats. *(Photo Charles Chevrot - Musée du Débarquement d'Arromanches.)*

Ci-dessus : Arromanches, soirée du 6 juin. Un soldat du *1st Hampshire* couvre la rue principale du village avec son fusil-mitrailleur BREN. *(Photo Charles Chevrot - Musée du Débarquement d'Arromanches.)*

Fusil-mitrailleur BREN avec sa housse et son nécessaire d'entretien. En service dans l'armée britannique depuis 1937, il a une cadence de tir de 500 coups par minute. *(Coll. Particulière.)*

Au soir du 6 juin, vingt-cinq mille hommes ont mis pied à terre sur Gold Beach, au prix de quelque neuf cents tués, blessés, disparus et prisonniers, soit 4% de l'effectif total. C'est dix fois moins que sur la plage voisine d'Omaha, « Omaha la sanglante » (*Bloody Omaha*).

Et même si Bayeux n'a pas été prise et que la jonction avec les Américains n'a pas été effectuée à Port-en-Bessin, on peut dire que le débarquement sur ce secteur est un incontestable succès. La *50th Northumbrian* du *Major-General* Graham a établi une solide tête de pont d'une dizaine de kilomètres de largeur sur une profondeur équivalente.

Arromanches, soirée du 6 juin. Deux enfants de la commune dans les bras de soldats du *1st Hampshire Regiment. (Photo Charles Chevrot - Musée du Débarquement d'Arromanches.)*

Arromanches. En cette soirée du 6 juin, les habitants sortent de leur cave pour accueillir les libérateurs. *(Photo Charles Chevrot - Musée du Débarquement d'Arromanches.)*

Ci-dessus : Arromanches. Il est environ 21 heures, ce 6 juin. Henri Laniepce, l'épicier du village, accueille les soldats britanniques avec du calva. *(Photo Charles Chevrot - Musée du Débarquement d'Arromanches.)*

Casque britannique avec sa toile de jute, retrouvé en mai 2018 dans le secteur de Gold Beach. *(Collection Guillaume Dormy.)*

Page suivante : Arromanches, soirée du 6 juin. Des soldats allemands sont faits prisonniers par les fantassins britanniques. Le chien que nous voyons de dos à côté de son maitre sera récupéré par des hommes du *1st Hampshire* et deviendra la mascotte du régiment. *(Photo Charles Chevrot - Musée du Débarquement d'Arromanches.)*

Arromanches, 7 juin. Quatre hommes de la compagnie B du *1st Hampshire Regiment* sont installés dans une ancienne position allemande défendant la station radar (*Stp.42*). On remarque à l'arrière-plan, la mitrailleuse Hotchkiss française qu'avaient récupérée les Allemands en 1940 *(Photo Charles Chevrot - Musée du Débarquement d'Arromanches.)*

Arromanches, 7 juin. La même position avec les mêmes soldats et la même mitrailleuse Hotchkiss que sur la photo précédente. On voit à l'arrière-plan les navires qui continuent d'affluer sur la côte normande au lendemain du Jour-J. *(Photo Charles Chevrot - Musée du Débarquement d'Arromanches.)*

L'avance alliée depuis Gold Beach

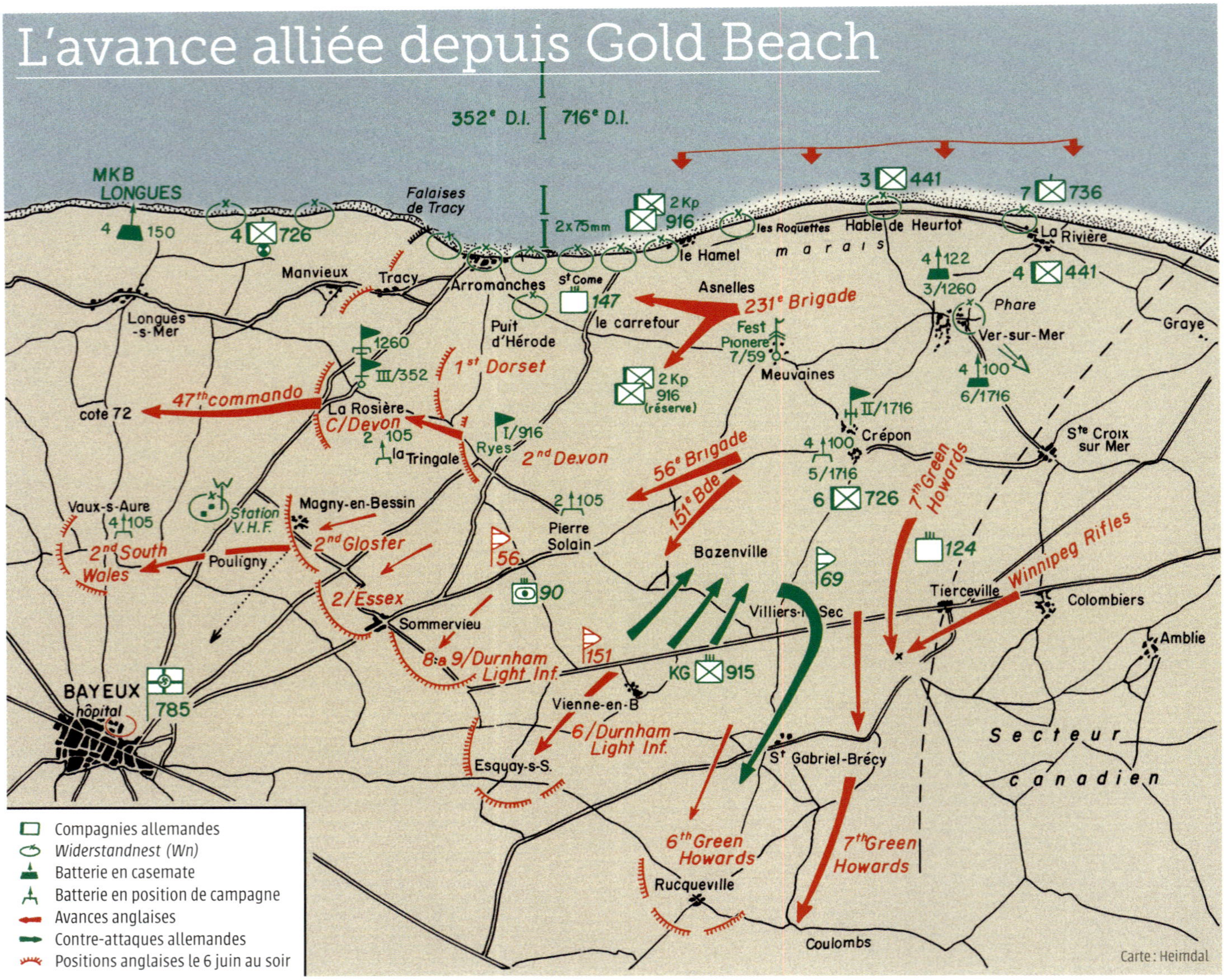

11. Bayeux libérée vite et sans dommages

Facilement libérée dans la matinée du 7 juin par les Britanniques, Bayeux, miraculeusement intacte parmi un océan de ruines, va devenir pour les troupes alliées une plaque tournante et le centre d'une importante zone logistique.

Chars Sherman de la *8th Armoured Brigade* pénétrant dans Bayeux. *(IWM.)*

Insigne de la 8th Armoured *Brigade. (DR.)*

Toute la journée de ce mardi 6 juin 1944, après une nuit ponctuée par des explosions assourdissantes venues de la côte toute proche, Bayeux a brui de rumeurs sur l'arrivée imminente des libérateurs, qui progressaient vers la ville par le nord et l'est. On les disait à Esquay-sur-Seulles, à Sommervieu, à Magny-en-Bessin, à Vaux-sur-Aure...

En fin d'après-midi, la population a assisté au spectacle de soldats allemands se repliant par petits groupes en direction de Caen, canalisés par des motards.

Dans la soirée, le *2nd Battalion Gloucestershire Regiment*, unité de la *56th Infantry Brigade*, s'est installé face à Bayeux et a envoyé des patrouilles de reconnaissance qui réussissent à s'infiltrer dans la partie nord-est de la ville, puis à rejoindre leurs lignes sans encombres.

En début de matinée du 7 juin, les fantassins du *2nd Battalion Gloucestershire Regiment* et du *2nd Battalion Essex Regiment*, lui aussi de la *56th Infantry Brigade*, pénètrent dans la capitale du Bessin, suivis de chars de la *8th Armoured Brigade*. Au fil des minutes, la population se fait de plus en plus nombreuse sur les trottoirs pour saluer les soldats alliés. Dans la rue principale, des enfants sont hissés sur les blindés roulant au pas.

Les derniers Allemands, restés à la Poste pour garder le central téléphonique, se rendent un peu plus tard sans opposer de résistance après le tir d'une rafale sur le bâtiment. La veille, leurs compatriotes ont évacué le *Soldatenheim* (Foyer du soldat) et le *Lazarett* (hôpital militaire) ainsi que l'ouvrage bétonné construit par l'organisation Todt juste derrière. Et même s'il subsiste quelques nids de résistance en périphérie, comme à Vaucelles et à Sully, on peut dire que Bayeux, au soir du 7 juin, est la première ville française de cette taille à passer sous contrôle allié, et intacte de surcroît.

Une colonne motorisée britannique photographiée depuis une fenêtre de la rue Saint-Jean. *(IWM.)*

Soldats britanniques sur le boulevard Sadi-Carnot, avec, à l'arrière-plan, la cathédrale Notre-Dame. *(IWM.)*

Une semaine plus tard, le mercredi 14 juin, le chef de la France libre, le général de Gaulle, entre dans la ville triomphalement en milieu d'après-midi. Il a débarqué le matin même à Courseulles-sur-Mer à bord du torpilleur *La Combattante* en provenance d'Angleterre. En chemin, il s'est arrêté au château de Creullet, à une douzaine de kilomètres de Bayeux, pour y rencontrer le général Montgomery, commandant du 21e groupe d'armée allié, qui regroupe toutes les forces terrestres de l'opération *Overlord*.

De Gaulle prend symboliquement possession de la première sous-préfecture de la France libre, puis il s'adresse à la foule nombreuse massée place du château (aujourd'hui place de Gaulle). Il reviendra à Bayeux deux ans plus tard, le 16 juin 1946, cette fois pour exprimer publiquement sa volonté d'une nouvelle Constitution et en tracer les contours.

Les planificateurs de l'opération *Overlord* ont prévu de faire de Bayeux une plaque tournante et le centre d'une importante zone logistique pour les milliers d'hommes débarqués quotidiennement sur les plages. Cette *Rear Maintenance Area*, qui ne va cesser de monter en puissance au fil de l'été, doit pourvoir à tous les besoins logistiques d'une armée en campagne. Pour ce faire, fleurissent autour de la ville des dépôts de carburant, de munitions, de nourriture, des ateliers de maintenance et de réparation des véhicules, des hôpitaux de campagne, des centres administratifs, un service postal et même des blanchisseries pour laver le linge des troupes qui transitent où viennent y prendre du repos avant de repartir au front.

La circulation dans les zone libérées a fait, elle aussi, l'objet d'une organisation spécifique. Les différentes unités ont des routes qui leur sont attribuées et aucune dérogation n'est possible, ceci pour éviter les embouteillages. Mais cette planification n'empêchera pas la formation de « bouchons » en raison du nombre croissant de véhicules de toute sorte arrivant par la mer.

Scène de la vie quotidienne à l'angle de la rue Saint-Jean et de la rue Echo (aujourd'hui rue aux Coqs). On remarquera, à gauche, deux membres de la *Military Police* britannique. Au-dessus de la tête des deux femmes en train de parler, à côté des deux *MP*, on peut voir un petit panneau portant une flèche surmontée de l'inscription « TT 94 ». Cela indique la direction du quartier général de la *231st Brigade*, dont le nom de code est « TT 94 ». *(IWM.)*

Soldats britanniques faisant leur toilette dans la rivière l'Aure, qui traverse la ville. Cette photo a été prise fin juin 1944, alors que le *By-Pass* n'a pas encore amputé la prairie d'une partie de sa superficie. *(IWM.)*

Le même paysage aujourd'hui. Le *By-Pass*, tracé par le Génie britannique dès l'été 1944, sépare toujours la prairie de la ville. *(Photo J-C Stasi.)*

Certaines routes deviennent à sens unique, les retours se faisant par d'autres voies. Des axes comme la Nationale 13 ou la route Bayeux/Tilly-sur-Seulles sont dédoublés. Dans ce souci de fluidifier le plus possible la circulation des camions, blindés et autres véhicules, les *Royal Engineers* réalisent divers aménagements, comme le boulevard périphérique de Bayeux, le « *By-Pass* », premier du genre en France.

Les unités de construction des aérodromes de campagne sont également sollicitées pour ces indispensables travaux. Il faut aussi s'approvisionner en pierres et il y aura quelques petites frictions à ce sujet. En effet, il y a bien des carrières à Creully, mais elles sont dans le secteur attribué aux Canadiens et donc d'accès interdit aux Britanniques. Qu'à cela ne tienne, ces derniers ouvrent une carrière à Coulombs. Les chaussées et les pistes d'envol sont recouvertes d'un grillage bien utile par temps de pluie, mais qui engendrera, par temps sec, des nuages de poussière fort peu agréables pour les conducteurs de véhicules comme pour les pilotes d'avions.

Les civils n'ont pas accès aux routes réservées aux convois militaires. Si nécessaire, et avec

14 juin. En route vers la sous-préfecture, de Gaulle progresse par la rue du Général de Dais, accompagné par de nombreux Bayeusains. *(Archives Heimdal.)*

l'autorisation du service chargé des relations avec la population, les *Civil Affairs*, une voiture civile peut exceptionnellement s'insérer dans un convoi et y rester.

Pour ce qui concerne les voies ferrées, la restauration de la ligne Lison/Caen est confiée aux Britanniques, les Américains devant assurer celle de la ligne la Cherbourg/Lison.

14 juin. Le général de Gaulle sort de la sous-préfecture, dont il vient de prendre possession au nom de la France libre. À sa sortie, il est chaleureusement fêté par les Bayeusains. *(IWM.)*

14 juin. Sur la place du Château (actuelle place de Gaulle), le lieutenant Maurice Schumann présente le général de Gaulle aux Bayeusains, avant que le chef de la France libre prenne à son tour la parole. *(Archives Heimdal.)*

Dès qu'une partie de la voie ferrée Caen/Cherbourg est libérée à proximité de Bayeux, le *Railway Opérating Group* des *Royal Engineers* s'installe à Ryes. Des officiers de cette unité spécifique rencontrent les agents de la SBCF à Bayeux pour convenir des méthodes de travail. En principe, tout est soumis à la libération de Cherbourg, où doit s'effectuer le débarquement des machines et des engins nécessaires à la remise en service du réseau ferré français.

Dans un premier temps, il faut restaurer les ouvrages détruits, comme le pont qui enjambe la voie ferrée à Saint-Loup-Hors, au sud-ouest de Bayeux. Des ponts modulables Bailey sont donc lancés ici ou là. Dans le même temps, une première locomotive conduite par des *Royal Engineers* arrive à Bayeux le 14 juillet en provenance de Lison. Il y a bien des machines en attente à Cherbourg, mais les Américains ne souhaitent pas les confier aux Britanniques. Ce n'est pas le seul problème qui va se poser entre les Alliés : en effet, les trains roulent à droite aux USA et à gauche en Grande-Bretagne, c'est finalement ce dernier sens qui est retenu.

Les Britanniques ont un souci avec la sauvegarde du charbon dont ont été si longtemps privés les Français durant l'Occupation à cause du rationnement, aussi les stocks sont-ils gardés par des hommes en armes.

Par ailleurs, la signalétique ferroviaire ayant été complètement détruite, la sécurité du trafic est assurée sur les voies par des signaleurs équipés de téléphones filaires et de grands drapeaux.

Les jours qui suivent le Débarquement voient l'installation au plus près des unités combattantes des treize *Field Transfusion Units* constituant le squelette de l'organisation de la transfusion de la *British Liberation Army*. Mobiles par définition, ces FTU vont stationner notamment à Asnelles, Ver, Graye, Bernières, Bretteville-l'Orgueilleuse, Cheux, Hermanville, Secqueville-en-Bessin, Putot-en-Bessin, Loucelles ou encore Mouen.

La banque centrale du sang est implantée à Bayeux, dans un verger du quartier Saint-Quentin. C'est vers elle que convergent les camions réfrigérés arrivant des plages. Sachant que la durée de vie d'un flacon de sang frais est de dix jours au maximum entre la collecte et l'utilisation, on mesure à quel point la gestion du stock doit être effectuée avec une extrême rigueur.

Dès que les premiers aérodromes provisoires sont opérationnels, c'est le transport aérien qui est privilégié pour approvisionner cette banque du sang. De là vont partir, durant tout l'été

Camions britanniques circulant sur le *By-Pass*, le tout premier boulevard périphérique de France. *(IWM.)*

Ci-dessous : ce panneau, dressé en bordure du *By-Pass*, montre l'importance de Bayeux au centre de la vaste zone logistique aménagée par les Britanniques tout de suite après le Débarquement. *(IWM.)*

BAYEUX
SORTIE

Conduite par des *Royal Engineers*, la première locomotive alliée entre en gare de Bayeux, le 14 juillet 1944. *(IWM.)*

Là où les ponts ont été détruits, les *Royal Enginners* les remplacent par des ponts modulables composés de pontons de différentes tailles. *(IWM.)*

Ci-dessous : carte de la *Rear Maintenance Area* aménagée autour de Bayeux durant l'été 1944. *(Archives Ph. Bauduin.)*

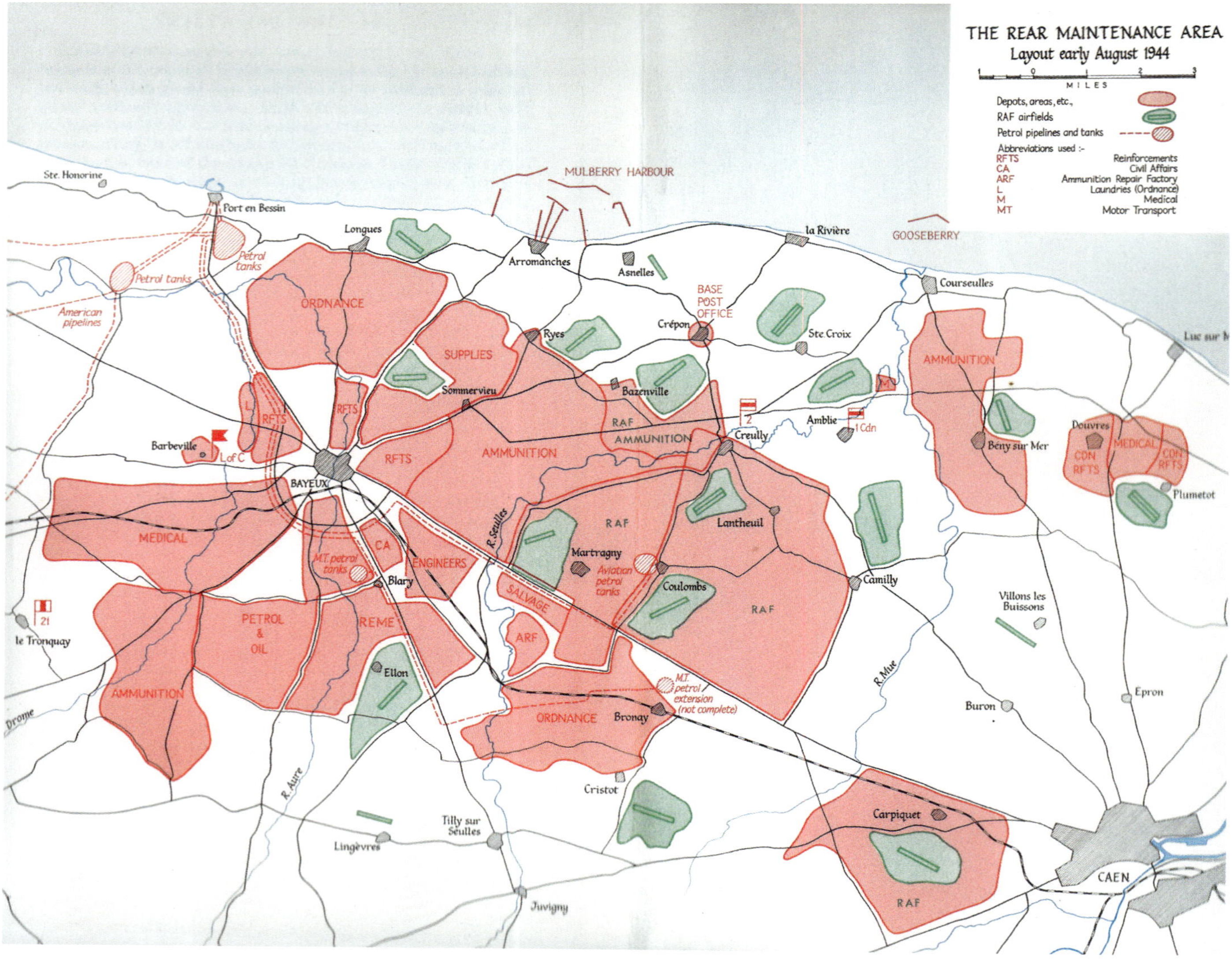

1944, les flacons de sang et de plasma destinés à une vingtaine d'hôpitaux de campagne, pour un total de quelque vingt mille lits. Les blessés transportables repartent avec les navires d'invasion. En accompagnement du port artificiel, une unité chirurgicale est implantée à Arromanches et une unité de transfusion à Asnelles.

C'est aux alentours de Bayeux, vers l'ouest, que s'installent 28 unités de soins dont un hôpital de 1 200 lits. Le module de l'hôpital de base est de 200 lits mais il y aura des hôpitaux de 600 voire 1 200 lits. Il est prévu d'installer 32 000 lits en Normandie. Les urines des patients sont récupérées pour en extraire le précieux antibiotique encore très rare : la pénicilline.

On remarquera que c'est près de ces ensembles hospitaliers que sont créés, hélas, les cimetières qui subsistent de nos jours : Bayeux, Ryes, Secqueville-en-Bessin, Jérusalem (sur la commune de Chouain), Tilly-sur-Seulles...

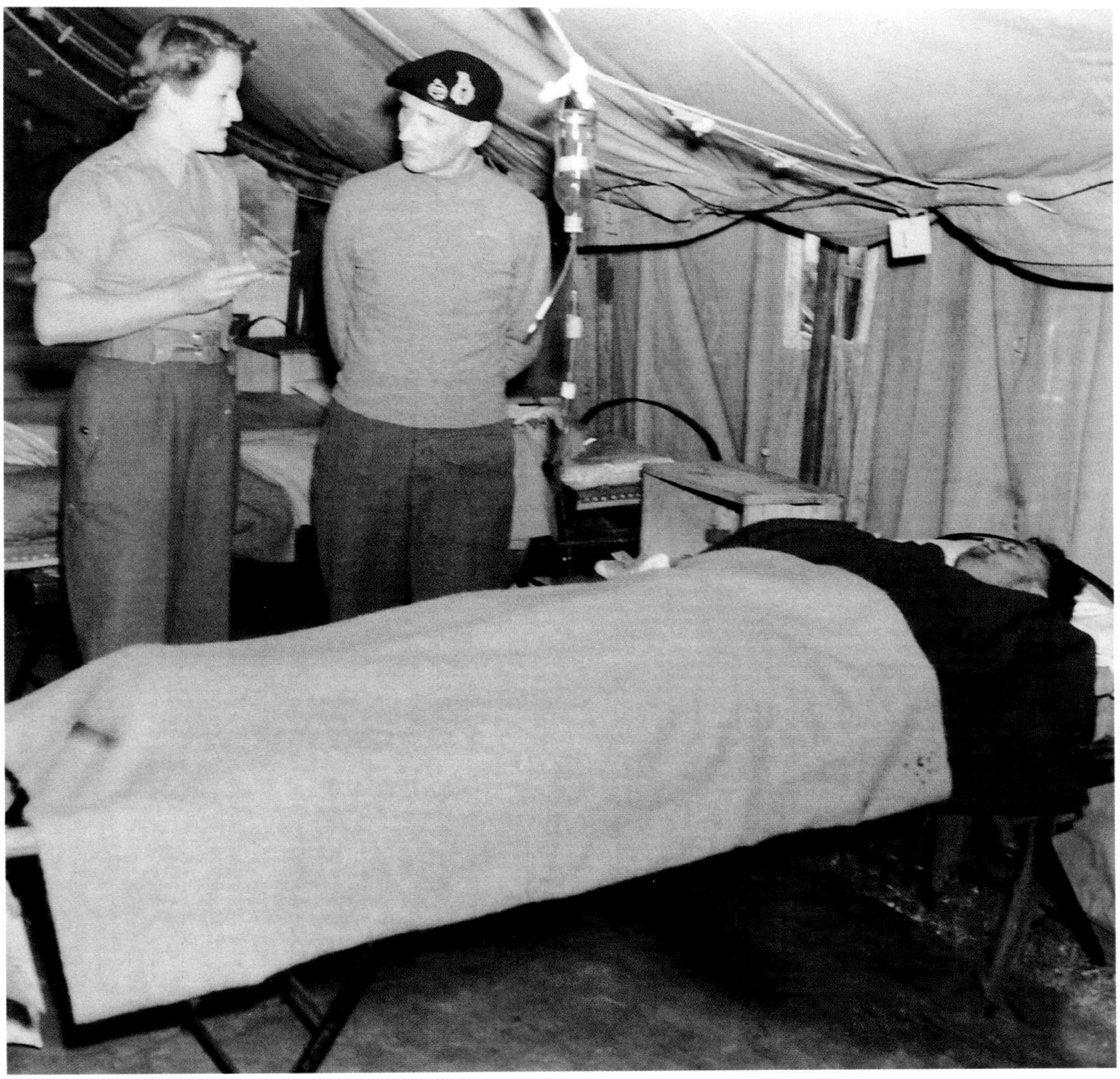

Ci-dessus : le général Montgomery visitant la banque du sang de Bayeux, installée dans un verger près de l'ancienne station de monte du haras de Saint-Lô. *(IWM.)*

Le général Montgomery rendant visite à un soldat transfusé. *(IWM.)*

Pour l'ensemble des unités du 21e groupe d'armées, on recense, du 6 juin 1944 au 8 mai 1945, 144 649 blessés, dont 12 % recevront une ou plusieurs transfusions ; 75 % des blessés survivront, les autres décèderont dans les postes de premiers secours.

Les pertes de la *50th Infantry Division* pour juin et juillet 1944 s'élèvent à 3 500 hommes.

On rappelle qu'il y a eu 22 000 morts du Commonwealth durant la Bataille de Normandie.

Une infirmière pratiquant une transfusion dans un des hôpitaux de campagne aménagés autour de Bayeux. *(IWM.)*

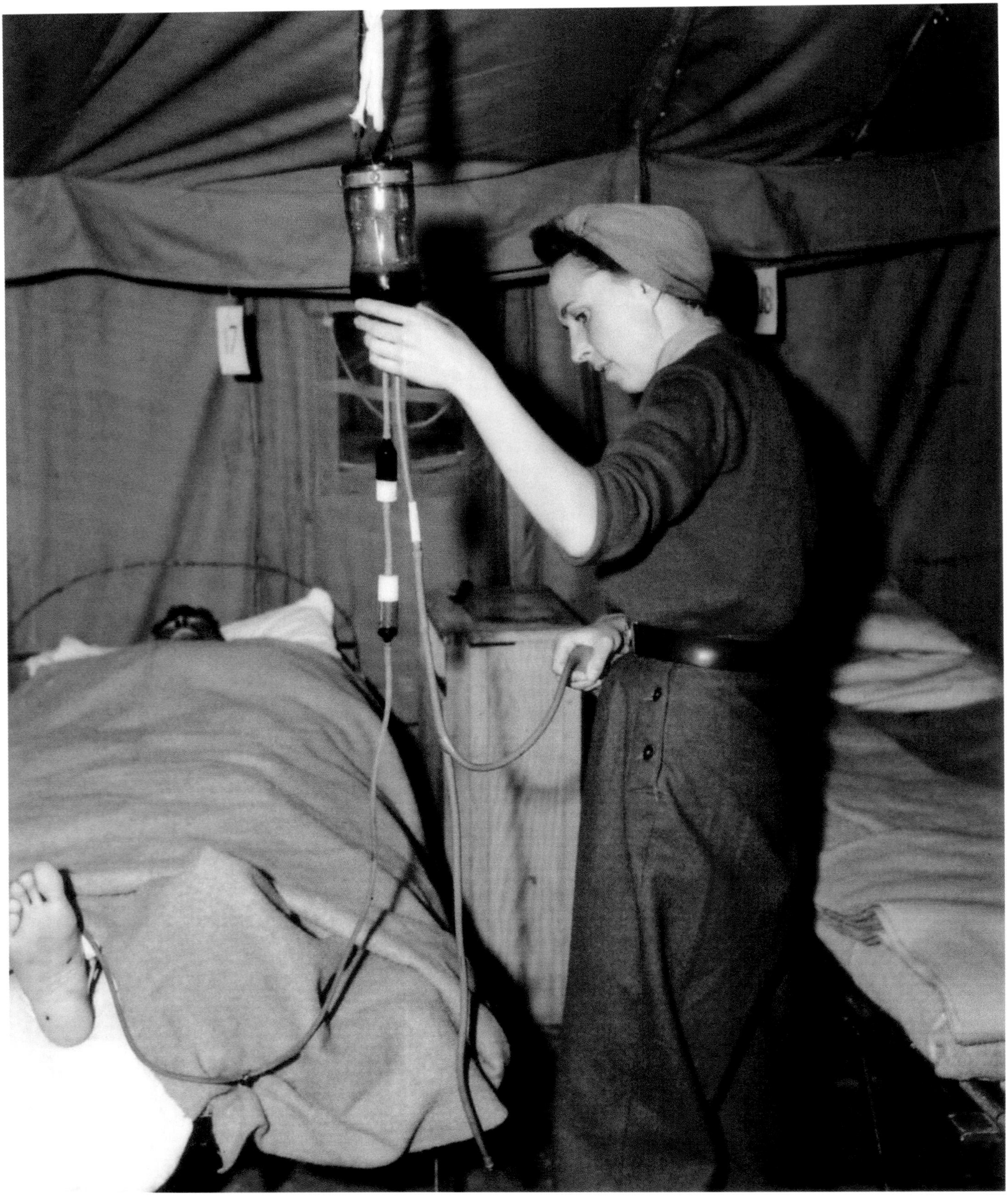

12. Des stations de pompage tout autour de Bayeux

L'approvisionnement en eau des troupes débarquées est une priorité pour les planificateurs alliés. Dès le lendemain du Jour J, des stations de pompage et un dispositif d'acheminement sont mis en place autour de Bayeux.

Les planificateurs de l'opération *Overlord* ont estimé les besoins en eau à un gallon (4,5 litres) par homme et par jour, plus une réserve d'un gallon. Cela veut dire que pour tout homme débarqué, il faudra un approvisionnement quotidien de près de dix litres d'eau. Et pour un blessé, les besoins se montent à dix gallons par jour. On comprend donc que, dès le Jour J, il sera débarqué des milliers de jerrycan de 4,5 gallons d'eau sur les plages, autant que de carburant !

Ces mêmes planificateurs ont également étudié l'indispensable question de l'approvisionnement en eau sur le sol normand. Les géologues de l'*Inter Services Topological Department* (voir chapitre 1) ont pris en compte le fait que les ressources existantes sur place aient pu être empoisonnées, comme cela a été le cas en Afrique du Nord, et donc inutilisables.

Après étude des terrains et des débits des cours d'eau de la région, l'ISTD a proposé un *Water Scheme*, comprenant notamment le forage d'une vingtaine de puits et l'utilisation de l'eau des rivières et des fleuves côtiers, notamment la Seulles, l'Aure et la Drôme, préalablement désinfectée par des machines au chlore

L'un des nombreux points d'eau mis en place par les Britanniques autour de Bayeux, ici à Saint-Gabriel-Brécy. *(Archives Ph. Bauduin.)*

capables de traiter 227 000 litres à l'heure. En complément de ce dispositif, il est mis en place un réseau de *Water Transport Companies* destinées à approvisionner les camps et les hôpitaux avec des camions citernes. L'un des auteurs de ces lignes a eu le privilège de conduire l'un de ces véhicules, alors qu'il était encore adolescent.

Des stations de pompage fixes sont établies sur la Mue à Moulineaux, sur la Thue à Pierrepont, sur la Seulles à Saint-Gabriel-Brécy et à Vaux-sur-Seulles, également sur l'Aure, la Drôme… Une vingtaine de puits seront forés dont certains sont toujours exploités, comme à Banville.

On notera que l'eau ainsi prélevée sera également utilisée pour arroser, de nuit, les pistes d'envol des aérodromes provisoires, afin de faire retomber la poussière préjudiciable au trafic aérien.

Ci-dessus : pompage et stérilisation de l'eau de la Seulles à Saint-Gabriel-Brécy. *(Archives Ph. Bauduin.)*

Analyse de la qualité de l'eau de la rivière la Seulles. *(Archives Ph. Bauduin.)*

Après stérilisation, remplissage des camions citernes à Saint-Gabriel-Brécy. *(Archives Ph. Bauduin.)*

Ci-dessous : point d'eau à Creully. En arrière-plan, le château médiéval. *(Archives Ph. Bauduin.)*

13. B-3, l'un des tout premiers aérodromes alliés

L'un des tout premiers aérodromes alliés en Normandie est celui codé B-3, entre Ver-sur-Mer, Crépon et Sainte-Croix. Sur ce terrain provisoire a été notamment basé Johnnie Johnson, le plus grand As allié sur le front de l'Ouest.

Afin de pouvoir continuer d'appuyer les troupes au sol et mener des raids aériens tout en suivant la progression de la ligne de front, les planificateurs de l'opération *Overlord* ont prévu d'aménager en Normandie, dans la foulée du Débarquement, des pistes d'aviation avancées, les *Advanced Landing Grounds (ALG)*. Les moyens spécifiquement conçus par les ingénieurs alliés doivent permettre de transformer un champ cultivé ou une prairie en un aérodrome, parfois en moins de vingt-quatre heures.

Le matériau le plus utilisé pour les pistes de ces terrains provisoires est le *Square-Mesh Track (SMT)*, un grillage d'acier de forme carré, facile d'emploi et d'installation, qu'il suffit de dérouler à l'emplacement voulu et de fixer au sol par des attaches pour qu'il soit opérationnel. Est également utilisé le *Square-Mesh*

L'aérodrome B-3 (partie inférieure droite de la photo) photographié le 12 juin 1944. On voit douze avions stationnés sur les deux pistes. *(Archives Ph. Bauduin.)*

Prefabricated (SMP), un tapis de jute goudronné qui s'apparente au tapis mis en place par le char Churchill *« Bobbins »* et qui permet, lui aussi, de faciliter les décollages et atterrissages des chasseurs alliés dans la campagne normande.

Les *Advanced Landing Grounds* sont codés « A » pour ceux des forces aériennes américaines et « B » pour ceux des forces aériennes britanniques.

Dès le 7 juin, les *Royal Engineers du 24th Airfield Construction Group*, qui ont débarqué entre la plage de La Rivière et Graye-sur-Mer, commencent les travaux de l'aérodrome codé B-3, entre Ver-sur-Mer, Crépon et Sainte-Croix, qui va être l'un des tout premiers *Advanced Landing Grounds* en France.

B-3 est opérationnel dès le 10 juin. Ce jour-là, un chasseur-bombardier Hawker Typhoon se pose en urgence sur la piste de 1 650 mètres pour 40 mètres de large.

On rapporte que ce même 10 juin, deux soldats anglais en promenade trouvent des uniformes allemands abandonnés dans les champs et s'en habillent. Ils rentrent ainsi déguisés à leur base et se font abattre par les leurs qui les ont pris pour des ennemis. Ils ont été inhumés, l'un à côté de l'autre, au cimetière de Crépon où leurs tombes sont toujours visibles.

Au cours des jours et des semaines qui suivent, de nombreuses unités vont utiliser ce terrain : le *175th Squadron* britannique, doté de Typhoon ; le *485th Squadron* néo-zélandais, doté de Spitfire ; les *441st*, *442nd* et *443rd Squadrons* composant la *144th Wing* (escadre) de la *Royal Canadian Air Force*, ainsi que plusieurs unités des forces aériennes rhodésiennes, elles aussi sur Spitfire. On y verra aussi quelques Spitfire des escadrons « Île-de-France » et « Alsace » des Forces aériennes françaises libres (FAFL), qui se poseront dès le 13 juin, dont celui du caennais Denys Boudard.

Le 15 juin, tous les aviateurs présents sur B-3 verront avec étonnement un Boeing B-17 *Flying Fortress* américain atterrir et s'arrêter en bout d'une si petite piste pour un si gros appareil. Une authentique performance de pilotage ! Cet avion, baptisé *BOOPS*, est celui du général Andrew Spaatz, commandant des *United States Army Air Forces (USAAF)*. À bord, se trouve le général Eisenhower, commandant en chef du

Ci-dessus : cimetière de Crépon. Tombes des deux soldats de la *RAF* tués par erreur par leurs camarades sur l'aérodrome B-3 le 10 juin 1944. *(Photo J-C Stasi.)*

Ci-dessous : le B-17 *« BOOPS »* ayant transporté le général Eisenhower jusqu'à l'aérodrome B-3. *(Archives Ph. Bauduin.)*

Winston Churchill à bord du Fieseler Storch piloté par l'*Air Vice Marshal* Harry Broadhurst, sur le terrain B-3. *(Archives Ph. Bauduin.)*

Corps expéditionnaire allié. Cette mission ultra secrète n'a laissé aucune trace dans les archives américaines. Il se dit que l'avion d'Eisenhower n'étant pas armé, c'est celui de Spaatz qui a été choisi, au dernier moment, pour ce déplacement express en Normandie.

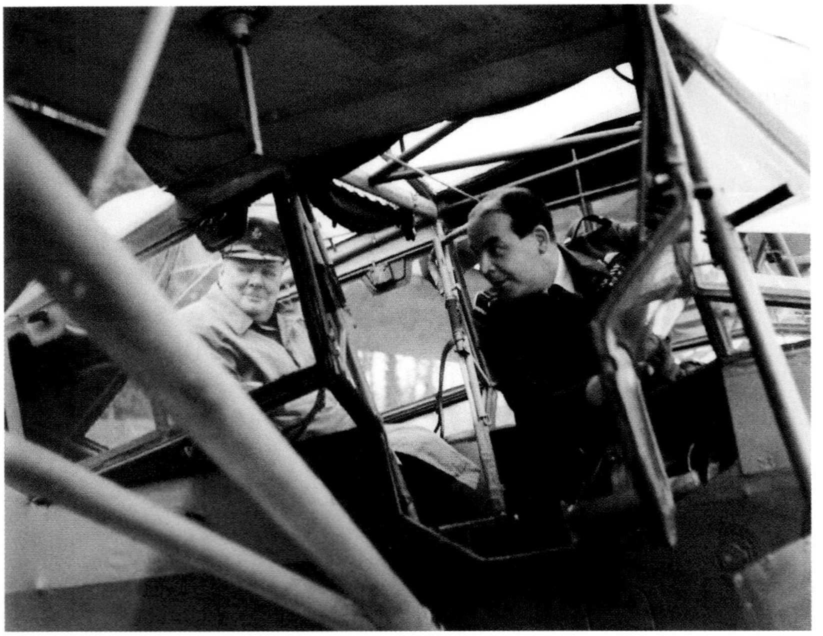

Une Jeep s'approche du B-17 et prend en charge Eisenhower, accompagné du maréchal de l'air Arthur Tedder, commandant suprême adjoint de l'opération *Overlord*. Les deux hommes sont aussitôt conduits à l'état-major du général Montgomery, à Creully.

Le 23 juillet, c'est un autre visiteur de marque qui crée une nouvelle surprise en se posant à B-3. Cette fois, pas de *Flying Fortress*, mais un tout petit appareil allemand Fieseler Storch, peint en jaune, avec bien sûr les cocardes britanniques. Cet avion est piloté par l'*Air Vice Marshal* Harry Broadhurst, qui en a fait son appareil personnel après l'avoir pris à la *Luftwaffe* en Afrique du Nord. Son illustre passager n'est autre que Winston Churchill, le Premier ministre britannique, venu d'Angleterre pour une visite du front et notamment de Caen enfin libérée.

Parmi les nombreux pilotes à avoir stationné sur B-3, il en est un de particulièrement célèbre. Le Britannique James Edgar Johnson, plus connu sous le prénom de Johnnie, commande, en juin 1944, le *144th Royal Canadian Air Force Wing*. Né en mars 1915 dans le Leicestershire, il

Winston Churchill à son arrivée sur l'aérodrome B-3. *(Archives Ph. Bauduin.)*

devient *civil engineer* en 1937. Durant un match de rugby en 1938, il se casse la clavicule; mal réduite, sa fracture lui entraîne une certaine incapacité.

Passionné d'aviation, il tente de s'engager dans la *RAF* en 1938, mais il est rejeté à cause de son handicap. À la suite de la crise avec l'Allemagne en 1939, la *RAF* révise à la baisse ses critères de recrutement et permet à Johnnie Johnson de rentrer dans la *RAF Volunteer Reserve*. Il prend l'initiative d'apprendre à voler dans un club privé en attendant que la

L'As britannique Johnnie Johnson sur le terrain de B-3 avec son labrador Sally. *(Archives Ph. Bauduin.)*

Le Spitfire de Johnnie Johnson portant ses initiales. *(Profil Jacques Clémentine.)*

Ce hangar d'aviation, situé sur la commune voisine de Crépon, a été construit par la *Luftwaffe*. (*Photo J-C Stasi.*)

RAF le forme. Le 19 août 1940, il vole pour la première fois sur un Spitfire. Son médecin lui conseille alors de se faire opérer de son col du fémur pour pouvoir suivre l'apprentissage sévère du pilotage. Ce faisant, il passe plusieurs mois à l'hôpital et ne peut rejoindre la *RAF* avant la fin de la Bataille d'Angleterre.

En décembre 1940, il est affecté au *661st Squadron* de Douglas Bader. Le 26 juin, il abat son premier Messerschmitt Bf-109. En août, il abat son cinquième avion et devient de ce fait un As de la *RAF*. Il reçoit la *Distinguished Flying Cross (DFC)* et est nommé *Flight Commander*. Une étoile est née !

En août 1942, à la tête du *610th Squadron*, Johnnie Johnson participe à l'opération *Jubilee* sur Dieppe, au cours de laquelle il abat un Focke Wulf FW-190. Il est promu *Squadron Leader* en mars 1943 et prend le commandement d'un *Squadron* canadien. Il est décoré de la *Distinguished Service Order (DSO)* et totalise 25 avions abattus en septembre de la même année. Il est promu *Wing Commander* et, en mars 1944, il prend le commandement du *144th Royal Canadian Air Force Wing*. Le 5 mai 1944, il abat son 28e avion ennemi, devenant le pilote le plus titré de la *RAF*.

Johnnie Johnson s'installe sur B-3 avec tout le *144th Royal Canadian Air Force Wing* le 11 juin 1944. Il y retrouve trouve son fidèle ordonnance Varley, son labrador Sally et sa caravane. Varley lui conseille d'abandonner provisoirement sa caravane pour un trou individuel moins exposé aux représailles allemandes.

À peine installé, les combats continuent. La *144th Royal Canadian Air Force Wing* est particulièrement chargée de surveiller la présence de navires ennemis en baie de Seine et de repérer notamment les canons pouvant causer des dommages aux Spitfire.

Le 30 juin, Johnnie Johnson abat son 34e avion, battant le record de 32 victoires détenu jusque là par l'As sud-africain Adolph « Sailor » Malan, héros de la Bataille d'Angleterre. Le 27 septembre 1944, Johnson abat son 38e et dernier avion ennemi, durant l'opération *Market Garden* dans le ciel des Pays-Bas.

Johnnie Johnson est mort le 30 janvier 2001, à l'âge de 85 ans. En 1985, il était revenu en Normandie. Il s'était notamment rendu sur le site de l'aérodrome B-3 où a été érigé un Mémorial.

Le Mémorial érigé à l'endroit où se situait l'aérodrome B-3. Posé sur le sol, probablement un morceau de *Square-Mesh Track (SMT)*, le grillage utilisé comme revêtement sur les pistes des terrains d'aviation. (*Photo J-C Stasi.*)

14. Port-en-Bessin, premier port pétrolier des Alliés

Libéré le 8 juin au petit matin par les hommes du *47th Royal Marine Commando*, Port-en-Bessin, point de jonction prévu entre Américains et Britanniques, est aménagé aussitôt pour devenir le premier port pétrolier allié en Europe.

Après une nuit passée sur les hauteurs du Mont Cavalier, à environ deux kilomètres au sud-est de Port-en-Bessin, les hommes du *47th Royal Marine Commando* reprennent leur marche vers leur objectif dans la journée du mercredi 7 juin. Leur mission (nom de code *Aubery*) est capitale à plus d'un titre. En plus d'être le point de jonction prévu entre Américains et Britanniques, cette commune littorale, située à moins

Port-en-Bessin photographié par un avion de la *Royal Air Force*, le 24 mars 1944. Les points fortifiés allemands se situent sur les hauteurs, à l'est et à l'ouest de la commune. *(Archives Ph. Bauduin.)*

Chemin emprunté par les hommes du *47th Royal Marine Commando* pour gravir le Mont Cavalier, où ils ont passé la nuit du 6 au 7 juin 1944. *(Photo J-C Stasi.)*

Sur les hauteurs du Mont Cavalier, qui culmine à 72 mètres, les commandos britanniques avaient une vue complète sur Port-en-Bessin. *(Photo J-C Stasi.)*

de dix kilomètres au nord-ouest de Bayeux, doit devenir le premier port pétrolier allié en Europe, conformément au plan PLUTO (*Pipeline Underwater Transport of Oil*), élaboré pour assurer l'indispensable ravitaillement en carburant des troupes et leur permettre ainsi de progresser à l'intérieur des terres.

Ayant récupéré du matériel de guerre allemand pour compenser la perte de la quasi totalité de leurs armes lourdes perdues lors du débarquement, quelques bérets verts du lieutenant-colonel Phillips réussissent à s'infiltrer, au cours de l'après-midi, dans la partie est de la ville, avec l'appui de l'aviation et de l'artillerie navale alliées.

La résistance allemande s'est concentrée à l'ouest, où sont situés sur les hauteurs les points fortifiés *Wn 57* et *Wn 58*. Alors qu'elle s'engage le long de la falaise en direction de ces positions, une section britannique est prise pour cible par deux canonnières antiaériennes allemandes ayant réussi à s'immiscer dans la flotte alliée et qui ouvrent le feu depuis le large. En quelques minutes, onze commandos sont tués et quatorze autres blessés ; les survivants sont contraints de se replier.

Pendant ce temps, les Allemands lancent une contre-attaque sur le Mont Cavalier, faisant prisonniers plusieurs commandos dont des membres de l'état-major du lieutenant-colonel Philips. Isolés par petits groupes face à un ennemi qui ne cesse de regagner du terrain, manquant de munitions et de ravitaillement, les hommes du *47th Royal Marine Commando*, fortement éprouvés depuis la veille, se retrouvent en bien mauvaise posture en cette

Ci-contre et ci-dessus : sur le plateau est de Port-en-Bessin, une stèle et une plaque rappellent le rôle capital joué par le capitaine Terence Cousins pour la prise des points de défense allemands. *(Photo J-C Stasi.)*

Le jeune capitaine Terence Cousins, 22 ans, a joué un rôle majeur dans la libération de Port-en-Bessin. *(DR.)*

Le *fighting knife*, l'arme emblématique des commandos. *(Collection particulière.)*

fin de journée du 7 juin. Heureusement, ils reçoivent du soutien de la part de fermiers installés au pied du Mont Cavalier, qui les nourrissent et soignent les blessés avec les moyens du bord.

L'initiative salvatrice va venir d'un tout jeune officier, le capitaine Terence Cousins, âgé de 22 ans. Ayant découvert une tranchée permettant d'atteindre le Mont Cavalier à couvert, en longeant la côte, Terence Cousins s'y engage avec une trentaine d'hommes et atteint, à la tombée de la nuit, le sommet, où les commandos sont pris sous le feu d'un des bunkers.

Cousins donne l'ordre à son groupe de stopper, puis il se lance à l'assaut de la position ennemie avec quatre hommes dont l'un est armé d'un fusil-mitrailleur Bren. Alors qu'il vient de franchir la barrière de barbelés protégeant l'accès au bunker, Cousins est mortellement blessé par l'explosion d'une grenade. Mais malgré la perte de leur chef, les commandos restés en attente attaquent à leur tour la position allemande, dont ils obtiendront la reddition aux environs de minuit. La prise de ce point fortifié assure aux commandos britanniques le contrôle des hauteurs du Mont Cavalier, mais ces derniers devront combattre jusqu'au petit matin du 8 juin pour libérer totalement Port-en-Bessin. Quarante-huit heures après avoir débarqué, le *47th Royal Marine Commando* compte déjà quarante-six morts, noyés ou tués au combat, et soixante-cinq blessés.

En 2004, l'historien militaire, le *Major General* Julian Thompson, a écrit : *« L'opération menée par le 47th Royal Marine Commando à Port-en-Bessin fut l'un des plus hauts faits d'armes jamais accomplis par une unité pendant la Seconde Guerre mondiale »*.

En 2009, à l'occasion du soixante-cinquième anniversaire du Jour-J, un monument à la mémoire du capitaine Terence Cousins sera inauguré sur les hauteurs du plateau ouest de

Port-en-Bessin par le commandant en chef des *Royal Marines*. Tombé à 22 ans, le valeureux jeune officier du *47th Royal Marine Commando* repose au cimetière militaire de Bayeux.

Le Mémorial du *47th Royal Marine Commando* domine le port. Il a été érigé sur les hauteurs à l'ouest de la commune, à l'emplacement du point fortifié allemand *Wn 57*. *(Photo J-C Stasi.)*

Vestiges du *Wn 57* sur le site où se dresse le Mémorial du *47th Royal Marine Commando*. *(Photo J-C Stasi.)*

Ci-dessous : une stèle a également été érigée à l'entrée de Port-en-Bessin, en hommage au *47th Royal Marine Commando*. *(Photo J-C Stasi.)*

10 juin 1944. Le général Montgomery, que l'on voit debout dans sa voiture personnelle, en train de regarder le port, est venu à Port-en-Bessin pour rencontrer le général américain Omar Bradley, commandant des forces américaines ayant débarqué à Utah Beach et Omaha Beach. *(Archives Ph. Bauduin.)*

Sitôt Port-en-Bessin libéré par l'intérieur, les *Royal Engineers* britanniques se mettent à la tâche pour transformer ce petit port de pêche en un véritable port pétrolier. Malgré l'avis défavorable émis par la Résistance française, les scaphandriers britanniques révèlent que la digue ouest, jugée inexploitable, peut être consacrée à l'accueil de petits pétroliers. Ainsi, les deux digues vont pouvoir être mises en service avec des liaisons par pipelines vers l'intérieur, les Américains travaillant à l'ouest et les Britanniques à l'est. Les liaisons sont fixées au sol à l'est et en aérien à l'ouest. Certaines sont encore visibles aujourd'hui.

Parallèlement, les Américains installent un port *offshore* à Sainte-Honorine-des-Pertes, à dix kilomètres plus à l'ouest, où les pétroliers peuvent décharger le carburant en mer.

Le mur situé derrière Montgomery est toujours en place. *(Photo J-C Stasi.)*

Un tanker allié au mouillage à la jetée ouest de Port-en-Bessin. *(Archives Ph. Bauduin.)*

Ci-dessous : carte du *Minor System*, le réseau d'acheminement du carburant par pipelines et par camions mis au point par les Alliés. *(Archives Ph. Bauduin.)*

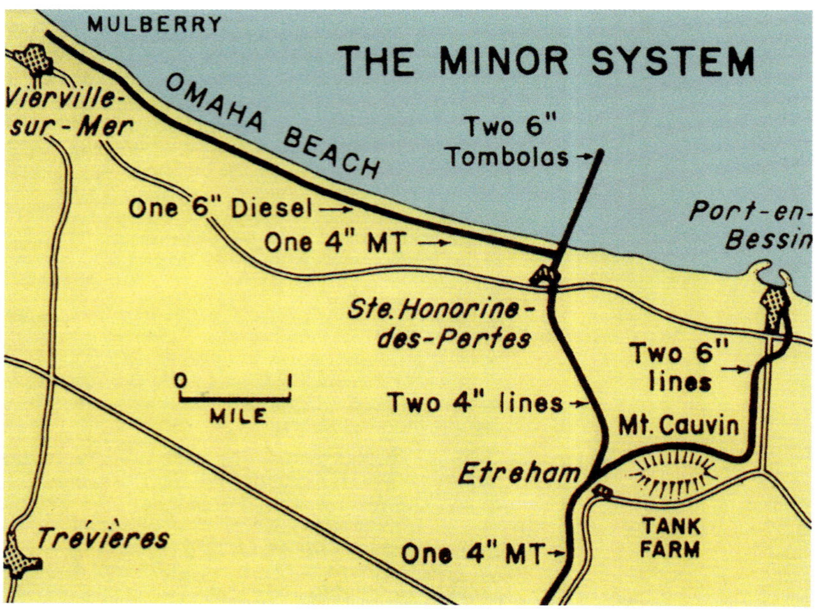

L'ensemble constitue le *Minor System*, dont on peut dire qu'il a sauvé le Débarquement. En effet, l'approvisionnement en carburant qui devait se faire initialement par Cherbourg devra attendre que ce port soit à nouveau opérationnel, c'est-à-dire pas avant le début juillet.

Dans l'arrière-pays, sur la commune d'Étréham, le Mont Cauvin, qui culmine à 64 mètres au-dessus du niveau de la mer, se voit doter de réservoirs qui, du fait de la pente naturelle, peuvent répartir le carburant jusqu'à soixante kilomètres. À l'arrière de Port-en-Bessin, on trouve encore les traces des réservoirs près d'Escures.

Les Alliés installent à Port-en-Bessin une énorme station-service pour alimenter en carburant les véhicules britanniques et américains.

Le port pétrolier de Port-en-Bessin va connaître un pic d'activité après la tempête du 19 au 21 juin 1944, qui détruit le port artificiel américain « Mulberry A » à Omaha Beach et a pour conséquence de dérouter de nombreux navires vers Port-en-Bessin.

Le port pétrolier de Port-en-Bessin fonctionnera jusqu'à l'automne 1944.

Sur le port, cette plaque rappelle l'importance de Port-en-Bessin pour le ravitaillement en carburant des troupes alliées. *(Photo J-C Stasi.)*

Sortie de pipelines aériens au-dessus de la jetée ouest de Port-en-Bessin. *(Archives Ph. Bauduin.)*

Pipelines à Port-en-Bessin. *(Archives Ph. Bauduin.)*

Ci-dessous : le monument érigé au bout de la jetée est en hommage aux forces alliées. *(Photo J-C Stasi.)*

IA 3549
TRK 37

Station-service de Port-en-Bessin. *(Archives Ph. Bauduin.)*

15. Un port artificiel qui va entrer dans l'Histoire

Suite à la destruction du port artificiel d'Omaha Beach par la très violente tempête du 19 juin 1944, celui d'Arromanches va jouer un rôle encore plus important que prévu dans le débarquement et le ravitaillement des troupes alliées.

Libérée dans la soirée du Jour J par les soldats du *1st Hampshire Regiment*, Arromanches voit dans la foulée l'apparition des premiers bateaux chargés de se saborder afin de servir de brise-lames contre le courant.

L'arrivée de ces *blockships* constitue la toute première étape de l'aménagement du port artificiel *Mulberry B* (B pour British), la même opération étant prévue face à Saint-Laurent-sur-Mer dans le secteur d'Omaha Beach avec *Mulberry A* (A pour Américain).

Ces deux ports artificiels sont la concrétisation d'un des projets les plus fous de la Seconde Guerre mondiale, né d'une nécessité vitale pour les Alliés : assurer dès le premier jour le ravitaillement des troupes débarquées, sachant que chaque combattant a besoin de quarante kilos d'équipement par jour et qu'une division d'infanterie consomme quotidiennement plusieurs centaines de tonnes de matériel.

Et pour cela, il est indispensable de disposer d'un port. L'échec sanglant du raid sur Dieppe, le 19 août 1942, ayant démontré l'impossibilité de prendre un port de front, les Alliés ont décidé de chercher une alternative destinée à fonctionner jusqu'à la libération de Cherbourg (prévue huit jours après le Débarquement, mais qui n'interviendra que le 1er juillet) et de son port en eau profonde. C'est ainsi qu'est

Vue aérienne du port artificiel d'Arromanches. On voit bien l'efficacité des digues destinées à briser la houle. *(Archives Ph. Bauduin.)*

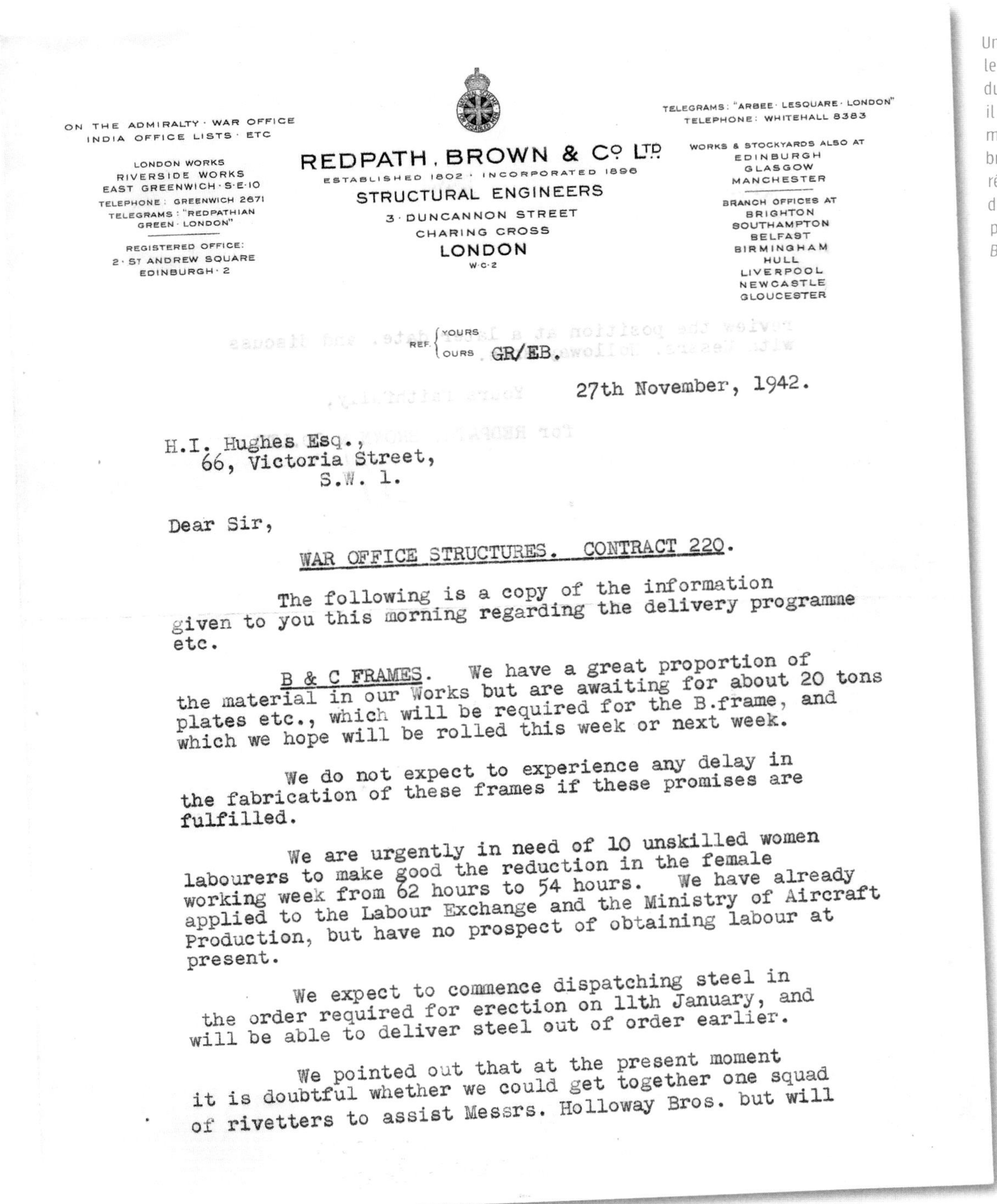

ON THE ADMIRALTY · WAR OFFICE
INDIA OFFICE LISTS · ETC

LONDON WORKS
RIVERSIDE WORKS
EAST GREENWICH · S·E·10
TELEPHONE: GREENWICH 2671
TELEGRAMS: "REDPATHIAN GREEN · LONDON"

REGISTERED OFFICE:
2 · ST ANDREW SQUARE
EDINBURGH · 2

REDPATH, BROWN & Co LTD
ESTABLISHED 1802 · INCORPORATED 1896
STRUCTURAL ENGINEERS
3 · DUNCANNON STREET
CHARING CROSS
LONDON
W·C·2

TELEGRAMS: "ARBEE · LESQUARE · LONDON"
TELEPHONE: WHITEHALL 8383

WORKS & STOCKYARDS ALSO AT
EDINBURGH
GLASGOW
MANCHESTER

BRANCH OFFICES AT
BRIGHTON
SOUTHAMPTON
BELFAST
BIRMINGHAM
HULL
LIVERPOOL
NEWCASTLE
GLOUCESTER

REF. YOURS
OURS GR/EB.

27th November, 1942.

H.I. Hughes Esq.,
66, Victoria Street,
S.W. 1.

Dear Sir,

WAR OFFICE STRUCTURES. CONTRACT 220.

The following is a copy of the information given to you this morning regarding the delivery programme etc.

B & C FRAMES. We have a great proportion of the material in our Works but are awaiting for about 20 tons plates etc., which will be required for the B.frame, and which we hope will be rolled this week or next week.

We do not expect to experience any delay in the fabrication of these frames if these promises are fulfilled.

We are urgently in need of 10 unskilled women labourers to make good the reduction in the female working week from 62 hours to 54 hours. We have already applied to the Labour Exchange and the Ministry of Aircraft Production, but have no prospect of obtaining labour at present.

We expect to commence dispatching steel in the order required for erection on 11th January, and will be able to deliver steel out of order earlier.

We pointed out that at the present moment it is doubtful whether we could get together one squad of rivetters to assist Messrs. Holloway Bros. but will

Un document exceptionnel : la lettre d'un des constructeurs du port artificiel, par laquelle il réclame davantage de main-d'œuvre aux autorités britanniques et accepte de réduire le travail des femmes de 62 heures à 54 heures par semaine. *(Archives Ph. Bauduin.)*

né en 1943 le programme *Mulberry*, avec à sa tête Lord Louis Mountbatten, le chef des *Combined Operations* (Opérations Combinées), à qui on doit notamment la conception du raid audacieux lancé sur Saint-Nazaire dans la nuit du 28 mars 1942 (Opération *Chariot*).

Il est prévu que les deux ports artificiels puissent débarquer quotidiennement plus de 6 000 tonnes de matériel et 1 250 véhicules. Les différents éléments des *Mulberries* sont construits par trois cents entreprises différentes réparties sur l'ensemble du territoire de la Grande-Bretagne, ce qui va donner du travail à plus de quarante mille personnes entre octobre 1943 et mai 1944.

Dans les entreprises liées à l'effort de guerre, la durée de travail hebdomadaire est passée à 62 heures, avec une dérogation exceptionnelle à 54 heures obtenue par les *Trade Unions* (syndicats) pour les femmes. Ce sont ces dernières qui vont principalement construire les 212 caissons *Phoenix*, dont les plus imposants pèsent 6 000 tonnes et mesurent 60 mètres de long sur 17 de large ; 23 quais flottants et

15 km de voies, utilisant pour ce chantier titanesque pas moins de 600 000 tonnes de béton et 110 000 tonnes d'acier.

Une fois assemblés de manière à composer un arc de cercle long de sept kilomètres, ces caissons doivent former une digue protectrice contre la houle, les courants et les tempêtes. À l'intérieur du plan d'eau ainsi délimité, les bateaux pourront venir décharger leur cargaison sur les des plateformes flottantes d'accostage nommées *Loebnitz* et mesurant 60 mètres sur 18. Ces plateformes montent et descendent suivant le niveau de la mer en coulissant le long de quatre pieux fixés au fond de la mer, ce qui leur permet d'accueillir des navires quelle que soit la marée. Une fois déchargées sur les *Loebnitz*, les diverses cargaisons (armes, munitions, nourriture, vêtements, médicaments, etc.) vont être acheminées jusqu'à la terre ferme par des véhicules circulant sur les jetées flottantes.

Résultant de prouesses technologiques totalement novatrices pour l'époque, chacun de ces deux ports artificiels occupera, une fois totalement installé, une superficie d'environ 500 hectares, équivalente à celle du port de Douvres. *Mulberry B* s'étire sur près de quatre kilomètres, de Tracy-sur-Mer, à l'ouest, à Asnelles, à l'est.

Vue de la place du village quelques jours après le Débarquement. Même si la zone d'assaut n'était pas face au village, on constate que les maisons n'ont pas pour autant été épargnées par les combats. Le génie britannique va dans quelques jours déblayer les gravats et dynamiter quelques maisons pour faciliter l'accès au port. *(Photo Charles Chevrot - Musée du Débarquement d'Arromanches.)*

Vue de la place du village d'Arromanches. Nous sommes quelques jours après le Débarquement, aux alentours du 10 juin. Les barbelés et les accès au port ne sont pas encore déblayés, pourtant une première route flottante est déjà opérationnelle, preuve de la rapidité d'exécution des *Royal Engineers*. *(Photo Charles Chevrot - Musée du Débarquement d'Arromanches.)*

Le 8 juin, les premiers éléments arrivent en remorque après avoir traversé la Manche et, dès le 14 juin, un premier quai flottant est ouvert. Jusqu'au 19 novembre, *Mulberry B* recevra en moyenne 3 800 tonnes par jour, avec un pic à 9 513 tonnes le 16 août.

Mais deux semaines après le Jour J, le 19 juin, une très forte tempête de nord-est se lève sur la Manche et elle va durement frapper, à degrés divers, les deux ports artificiels. Par la conjugaison de forts coefficients de marée et de vents allant jusqu'à trente-deux nœuds, la mer submerge les brise-lames. Les caissons *Phoenix* souffrent tout particulièrement. N'étant pas pontés, ils se remplissent d'eau et, pour certains, éclatent sous la pression.

Des deux ports artificiels, c'est *Mulberry A* qui va subir, et de loin, les plus importants dégâts. Partis à la dérive, des éléments viennent frapper mortellement les autres installations. Les plateformes *Loebnitz* sont endommagées ou carrément détruites, les voies flottantes disloquées.

Au soir du 21 juin, alors que le vent faiblit enfin, le bilan est lourd. Trop gravement touché,

Vue de la jetée ouest du port artificiel. *(Photo Charles Chevrot - Musée du Débarquement d'Arromanches.)*

La place du village est complétement nettoyée, ce qui permet à l'ensemble des véhicules d'y stationner. On y aperçoit également une *DCA* (sûrement un 40 mm BOFORS) protégeant le port de toutes tentatives d'attaques aériennes. Au total, le port artificiel est protégé par 176 canons anti-aériens appartenant à la 76e brigade anti-aérienne. *(Photo Charles Chevrot - Musée du Débarquement d'Arromanches.)*

le *Mulberry A* s'avère irréparable et devra être abandonné. Quant au *Mulberry B*, plus abrité devant Arromanches, il a nettement mieux résisté et pourra rapidement être remis en état, malgré ses important dégâts.

Des éléments du port artificiel sont ramenés au rivage par les vagues, sûrement au début de la tempête du 19 juin. Au loin on distingue la villa des Tourelles, emblématique maison d'Arromanches. *(Photo Charles Chevrot - Musée du Débarquement d'Arromanches.)*

N'ayant pas le temps de reconstruire un port, les Américains se trouvent face à un dilemme pour continuer à débarquer quotidiennement des milliers d'hommes et des tonnes d'approvisionnement. Ils vont combler ce handicap en ayant recours à une solution aussi simple qu'efficace : en faisant échouer leurs navires de transport à même la plage.

Mulberry B sera utilisé jusqu'au 19 novembre 1944. Les deux ports artificiels confondus auront permis de débarquer au total deux millions et demi d'hommes, cinq cent mille véhicules de toute sorte et quatre millions de tonnes de matériel.

Si les derniers vestiges de *Mulberry A* ont été retirés de la mer après la guerre, on peut toujours voir, au large d'Arromanches et d'Asnelles, des éléments de *Mulberry B*, dont certains dans un état de conservation étonnant aussi longtemps après le Jour J.

Une torpille humaine allemande installée sur les hauteurs d'Arromanches. On peut supposer qu'elle a été placée ici pour l'instruction des « bleus » arrivant par le port artificiel afin de les avertir sur le danger des attaques sous-marines ennemis contre les convois et les infrastructures portuaires. *(Photo Charles Chevrot - Musée du Débarquement d'Arromanches.)*

Trois hommes du génie britannique au travail sur la plage à l'aide d'un bulldozer. *(Photo Charles Chevrot - Musée du Débarquement d'Arromanches.)*

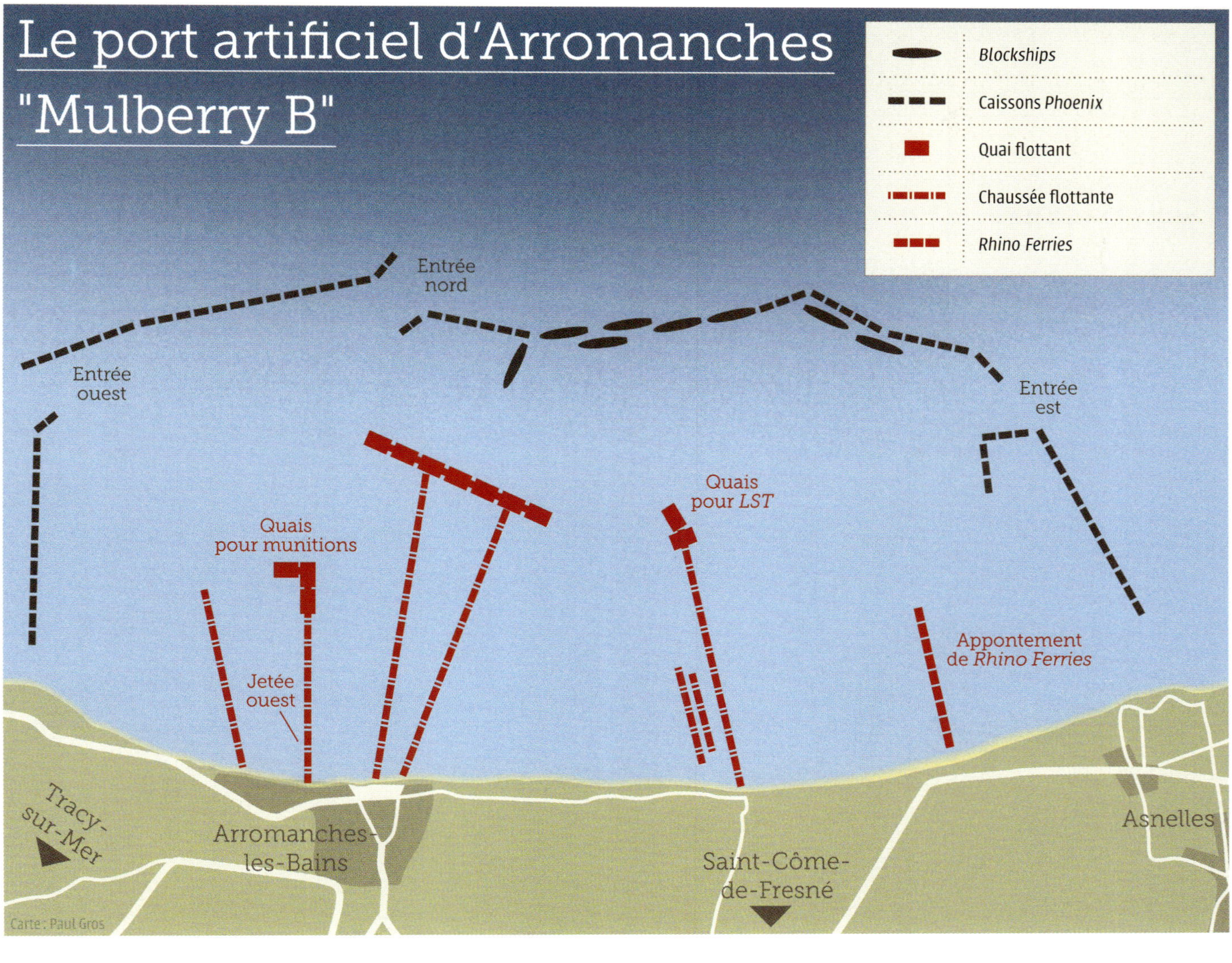

Ci-dessus : la jetée ouest du port artificiel. Quelques détails sont intéressants à noter : tout d'abord la jetée est fermée à la circulation, on remarque un panneau stipulant qu'une distance de 30 yards (environ 27 mètres) doit être respectée entre les véhicules empruntant la jetée. Ces grands pylônes en bois de chaque côté permettent de tirer le réseau de télécommunication entre le port et la digue où sont installés les officiers du port. *(Photo Charles Chevrot - Musée du Débarquement d'Arromanches.)*

Deux hommes du génie britannique posent pour le photographe, avec derrière eux, une enfilade de flotteurs en béton. *(Photo Charles Chevrot - Musée du Débarquement d'Arromanches.)*

Différentes vues de la jetée ouest et du « pont d'Arromanches ». Ce pont métallique permet d'enjamber la digue sans gêner les sorties des jetées. *(Photo Charles Chevrot - Musée du Débarquement d'Arromanches.)*

Plaque posée par la *935th Company Port Construction & Repair* du Royal Engineers. *(Photo Charles Chevrot - Musée du Débarquement d'Arromanches.)*

Ci-dessus : vue du village d'Arrromanches depuis une des routes flottantes. *(Photo Charles Chevrot - Musée du Débarquement d'Arromanches.)*

Ci-contre : vue du port artificiel et du village d'Arromanches. Au large, on distingue le brise-lame formé en partie par les caissons Phoenix. Cette photo a dû être prise assez tardivement, en septembre ou en octobre 1944, puisqu'une seule route flottante est reliée au quai central. De plus, l'état des maisons et de la villa des Tourelles nous indique que des travaux de reconstruction ont déjà été entrepris *(Photo Charles Chevrot - Musée du Débarquement d'Arromanches.)*

Ci-dessous : éléments de chaussée flottante du port artificiel exposés sur le plateau est d'Arromanches. *(Photo J-C Stasi.)*

Vue de l'installation d'une route flottante du quai central du port artificiel. Le photographe se tient devant l'embrasure de tir du bunker R612, encore visible de nos jours. *(Photo Charles Chevrot - Musée du Débarquement d'Arromanches.)*

Du matériel du génie militaire est stocké sur la place du village. On y voit essentiellement des pièces servant à la mise en place des jetées flottantes. Au large, le trafic atteste que les hommes et le matériel continuent d'arriver par la mer. *(Photo Charles Chevrot - Musée du Débarquement d'Arromanches.)*

Depuis les hauteurs à l'est du village, vue sur Arromanches et sur la place du village, rebaptisée « Place du Six Juin », où est aujourd'hui situé le musée du Débarquement. *(Photo Charles Chevrot - Musée du Débarquement d'Arromanches.)*

Un véhicule amphibie « Ford GPA » accèdent au port « Mulberry B », bien gardé par un homme de la police militaire britannique. *(Photo Charles Chevrot - Musée du Débarquement d'Arromanches.)*

Ci-dessous : une jeep, baptisée « MILDA », transportant des officiers, débarque d'une des jetées flottantes. *(Photo Charles Chevrot - Musée du Débarquement d'Arromanches.)*

Depuis la falaise d'Arromanches, à l'est, on peut apercevoir les deux routes flottantes reliant le quai central du port à la digue. D'ailleurs sur la gauche de la photo, l'allonge de la plateforme 449 est mise en place, nous sommes donc à la fin juin 1944. À noter que cet élément est encore en place de nos jours. *(Photo Charles Chevrot - Musée du Débarquement d'Arromanches.)*

Exposé à proximité du Musée du Débarquement, ce canon anti-aérien Bofors de 40 mm équipait les caissons Phoenix pour la défense contre les avions ennemis. Montés sur tourelle métallique, ces canons étaient servis par six hommes, vingt-quatre heures sur vingt-quatre. *(Photo J-C Stasi.)*

Cet élément de jetée flottante sur lequel est posé un bulldozer est visible dans le village d'Arromanches, à proximité du Musée du Débarquement. *(Photo J-C Stasi.)*

Depuis la falaise de Tracy-sur-Mer, à l'ouest, on distingue l'ensemble des jetées flottantes. La route sur laquelle se trouve le photographe est en réalité un axe créé par les Britanniques pour la circulation des DUKWS, qui, une fois chargés en mer, doivent parvenir jusqu'à la zone de dépôt se trouvant en haut de cette falaise. *(Photo Charles Chevrot - Musée du Débarquement d'Arromanches.)*

Cette plaque sur les hauteurs de Saint-Côme-de Fresné, à l'est d'Arromanches, a été posée à l'occasion du soixantième anniversaire du Jour J. *(Photo J-C Stasi.)*

Restes du port artificiel encore visibles aujourd'hui. *(Photos J-C Stasi.)*

16. Montgomery et la BBC s'installent à Creully

Située entre Bayeux et Caen, Creully va doublement entrer dans l'histoire du Débarquement. Montgomery y installe son état-major et la BBC son tout premier studio de radio en France pour informer au plus près des combats.

Le général Montgomery a accueilli Winston Churchill (au centre) au château de Creullet, le 12 juin 1944. *(Archives PH. Bauduin.)*

Jusqu'à cette fin de printemps 1944, Creully était connue pour son château fort occupé à plusieurs reprises par les Anglais au cours de la guerre de Cent Ans. Le Jour J va bouleverser de nouveau l'histoire de cette petite commune située à sept kilomètres des plages, entre Bayeux et Caen.

Le 8 juin, le général Montgomery, commandant le *21st Army Group*, installe sa roulotte quartier général dans le parc du château de Creullet, édifice plus modeste bâti à l'écart de la commune. Les différents commandements de l'état-major prennent place dans les vastes bâtiments fermiers situés à proximité de ce château.

Quasiment toujours vêtu d'un pantalon de velours côtelé et d'un pull à col roulé, « Monty » va recevoir à Creullet des visiteurs illustres. Le 12 juin, il accueille, dans le grand salon, Winston Churchill ; le 14, le général de Gaulle lui rendra visite avant d'aller prononcer son discours historique à Bayeux ; le 15, ce sera au tour du général Eisenhower et le 16 verra le roi George VI en personne franchir les grilles du château.

Montgomery s'adressant à des correspondants de guerre dans le parc du château de Creullet. *(Archives PH. Bauduin.)*

Entre les réunions d'état-major et l'accueil d'hôtes de marque, Montgomery se détend dans le parc en jouant avec ses deux jeunes chiens, « Hitler » et « Rommel », bercé par le chant de ses canaris. Et dans les allées du château, on roule à gauche, comme en Angleterre…

Au château de Creully, cette fois, l'intendance a installé un mess de haute tenue où se rencontrent aussi bien les pilotes canadiens de l'aérodrome tout proche que les correspondants de guerre de la BBC. En effet, dès le 7 juin, la radio nationale britannique a aménagé un studio dans la tour carrée du château médiéval afin de couvrir au plus près la bataille de Normandie qui fait rage.

De grands noms de la station vont se succéder au micro. L'Australien Chester Wilmot, 23 ans, qui couvre la guerre depuis 1940 et a suivi les troupes alliées en Afrique du Nord, en Grèce, en Syrie et en Libye, est arrivé en Normandie à bord d'un planeur de la *6th Airborne Division*.

L'Anglais Frank Gillard, 34 ans, travaille pour la BBC à plein temps depuis 1941. Après avoir couvert le raid anglo-canadien sur Dieppe en août 1942, il est parti en Afrique du Nord pour suivre la campagne de la *8th Army* de Montgomery. Il a ensuite couvert les opérations alliées en Italie, avant de revenir en Grande-Bretagne pour embarquer avec les troupes à destination de la France. Les reportages qu'il va réaliser en Normandie, notamment ceux en première ligne durant les combats pour la libération de Caen, contribueront à le rendre célèbre.

La BBC quittera Creully le 21 juillet de cette année 1944 pour un autre site plus proche du front. La pièce qu'elle aura occupée durant plus d'un mois en haut de la tour carrée du château accueille aujourd'hui un musée de la radio. Outre du matériel, on y trouve des objets ayant appartenu à des journalistes anglais, canadiens et français ayant couvert les événements de cette époque.

Ci-dessus : panneau installé dans le parc du château de Creully pour indiquer le studio de la BBC aménagé dans la tour carrée. *(Archives PH. Bauduin.)*

Ci-contre : le célèbre correspondant de guerre britannique Frank Gillard en mai 1944, quelques jours avant le Débarquement. *(Archives PH. Bauduin.)*

Jusqu'au 21 juillet 1944, la BBC a émis depuis la tour carrée du château de Creully, qui accueille aujourd'hui un musée de la radio. *(Photo J-C Stasi.)*

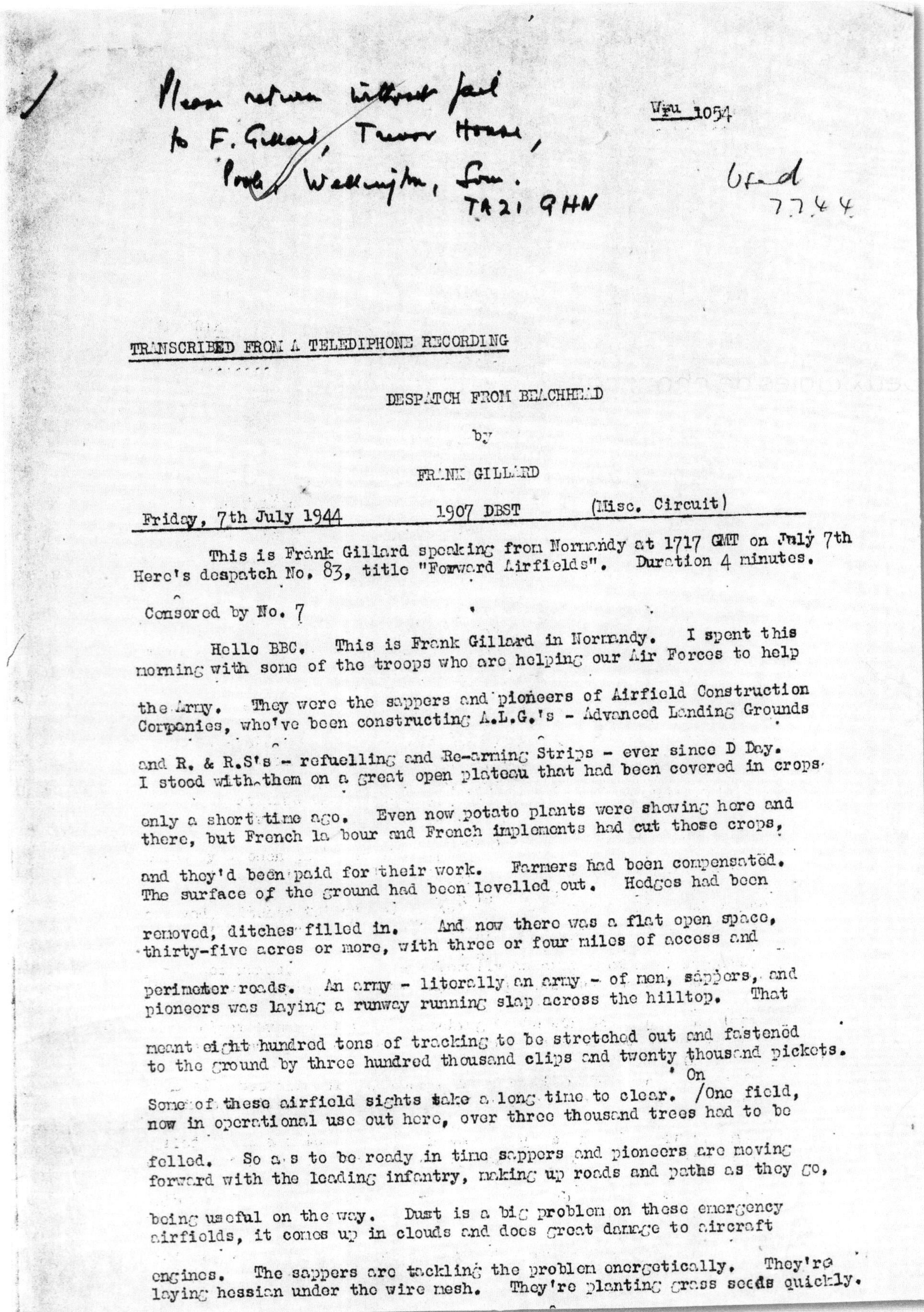

Please return without fail to F. Gillard, Trevor House, Poole Wellington, Som. TA21 9HN

Vfu 1054

7.7.44

TRANSCRIBED FROM A TELEDIPHONE RECORDING

DESPATCH FROM BEACHHEAD

by

FRANK GILLARD

Friday, 7th July 1944 1907 DBST (Misc. Circuit)

This is Frank Gillard speaking from Normandy at 1717 GMT on July 7th Here's despatch No. 83, title "Forward Airfields". Duration 4 minutes.

Censored by No. 7

Hello BBC. This is Frank Gillard in Normandy. I spent this morning with some of the troops who are helping our Air Forces to help the Army. They were the sappers and pioneers of Airfield Construction Companies, who've been constructing A.L.G.'s - Advanced Landing Grounds and R. & R.S's - refuelling and Re-arming Strips - ever since D Day. I stood with them on a great open plateau that had been covered in crops only a short time ago. Even now potato plants were showing here and there, but French labour and French implements had cut those crops, and they'd been paid for their work. Farmers had been compensated. The surface of the ground had been levelled out. Hedges had been removed, ditches filled in. And now there was a flat open space, thirty-five acres or more, with three or four miles of access and perimeter roads. An army - literally an army - of men, sappers, and pioneers was laying a runway running slap across the hilltop. That meant eight hundred tons of tracking to be stretched out and fastened to the ground by three hundred thousand clips and twenty thousand pickets. Some of these airfield sights take a long time to clear. On one field, now in operational use out here, over three thousand trees had to be felled. So as to be ready in time sappers and pioneers are moving forward with the leading infantry, making up roads and paths as they go, being useful on the way. Dust is a big problem on these emergency airfields, it comes up in clouds and does great damage to aircraft engines. The sappers are tackling the problem energetically. They're laying hessian under the wire mesh. They're planting grass seeds quickly.

Retranscription de l'émission de Frank Gillard, le 7 juillet 1944 sur les ondes de la BBC. Le correspondant de guerre y relate sa visite du terrain d'aviation allié aménagé non loin de Creully. *(Archives PH. Bauduin.)*

GOLD BEACH

Table des matières

Arromanches, *Mulberry B.* Afin de ne pas gêner la circulation à la sortie du port, un pont composé de « Bailey Bridge » enjambe une partie de la digue. *(Photo Charles Chevrot - Musée du Débarquement d'Arromanches.)*

Sources

Archives personnelles de Philippe Bauduin.

Archives du Musée du Débarquement d'Arromanches.

Archives personnelles de Guillaume Dormy.

Bibliographie

Olivier Wieviorka, *Histoire du débarquement en Normandie*, Seuil, 2007.

Carlo D'Este, *Histoire du débarquement*, Perrin, 2013.

Jean Quellien, *Normandie 44*, OREP Editions, 2011.

Christopher Dunphie & Garry Johnson, *Gold Beach*, Pen & Sword, 1999.

Georges Bernage, *Le Mur de l'Atlantique face au débarquement*, Heimdal, 2011.

Georges Bernage, *Les plages du débarquement*, Heimdal, 2016.

Georges Bernage, *Bayeux 1944*, Heimdal, 2014.

Philippe Bauduin, *Enquête sur le débarquement*, Maît'Jacques Editions, 1999.

Philippe Bauduin et Jean-Charles Stasi, *Jour J, ce qu'on ne vous pas dit...*, Heimdal, 2016.

Remerciements

Au Musée du Débarquement d'Arromanches pour son adhésion immédiate à notre projet, et la mise à disposition de ses archives et de ses collections. Avec une mention toute particulière à Guillaume Dormy, chargé des collections, pour son rôle de guide et de conseiller historique tout au long de la réalisation de cette nouvelle aventure éditoriale.

À Didier Cairon, de Commes, pour ses précieuses indications sur le parcours du *47th Royal Marine Commando* lors de la libération de Port-en-Bessin.

Aux éditions Heimdal pour leur confiance et leur aide.

À visiter

Musée du Débarquement, place du 6 Juin, à Arromanches.
Tél. : 02 31 22 34 31
www.musee-arromanches.fr

Arromanches 360, rue du Calvaire, à Arromanches.
Tél. : 02 31 06 06 45
www.arromanches360.fr

Musée America Gold Beach, 2 place de l'Amiral Byrd, à Ver-sur-Mer.
Tél. : 02 31 22 58 58
www.goldbeachmusee.fr

Achevé d'imprimer sur les presses de l'Imprimerie de Champagne (Langres, 52) pour le compte des éditions Heimdal à Damigny / Normandie (France), Georges Bernage, éditeur, en mars 2019.